Wie ist das mit der Schule?

Dr. Peter Katzenberger

Wie ist das mit der Schule?

Tipps für einen sorglosen Schulalltag

Mit farbigen Bildern von

Sandra Reckers

Gabriel

Inhalt

Jedes Kind darf – muss in die Schule

Wie war das bei dir: Woran erinnerst du dich, wenn du an deine Einschulung und die ersten Schultage denkst? Die meisten Kinder freuen sich darauf, in die Schule zu kommen. Sie können es kaum erwarten, endlich zu den Großen zu gehören. Alles ist neu und aufregend: Wer kommt in meine Klasse? Ist meine Lehrerin nett?

Mit der Zeit kennst du dich aus. Auch wenn es immer Neues zu lernen und zu erleben gibt, weißt du, wie so ein Schultag abläuft. Du freust dich darauf, deine Freundin oder deinen Freund zu treffen, und hast Spaß an einem bestimmten Fach oder Thema, das gerade behandelt wird. Wenn die Ferien beginnen, genießt du es auszuschlafen und genügend Zeit zu haben zum Spielen, Lesen oder einfach zum Rumhängen.

An manchen Tagen fällt es dir vielleicht schwer und du hast keine Lust zur Schule zu gehen, du machst dir Sorgen. Du fragst dich, wozu überhaupt so etwas wie Schule erfunden wurde: Warum kann man Kinder nicht in Ruhe lassen und ihnen erlauben, das zu tun, worauf sie Lust haben? Wozu ist es überhaupt wichtig, in die Schule zu gehen?

Es ist noch gar nicht so lange her, dass nur die Kinder reicher Eltern die Gelegenheit bekamen, lesen, schreiben und rechnen zu lernen. Kinder aus armen Familien dagegen mussten von klein auf arbeiten und helfen, den Lebensunterhalt der Familie zu verdienen. In manchen armen Ländern ist das noch heute so, vielleicht hast du schon von »Kinderarbeit« gehört. Deshalb ist die »allgemeine Schulpflicht« eine gute Sache: Alle Eltern müssen ihre Kinder in die Schule schicken und alle Kinder, ob reich oder arm, bekommen die Gelegenheit zum Lernen.

Schule ist nicht immer kinderleicht – manchmal läuft es gut, manchmal findest du alles nur noch zum Davonlaufen. In diesem Buch erzähle ich dir Geschichten von verschiedenen Kindern, die alle zur Schule gehen. Du wirst sehen, was sie erleben, wie sie klarkommen und wie sie aus Fehlern lernen. Würdest du wohl genauso handeln oder ganz anders? Dieses Buch wird dir ein paar Ideen liefern, gut mit der Schule zurechtzukommen, denn alles in allem soll und kann Schule Spaß machen.

Mit Klassenkameraden klarkommen

MORITZ IST NEU IN DER KLASSE

Langsam packt Moritz seine Sachen in den Schulranzen. Seit zwei Wochen ist er in seiner neuen Klasse. Die ganze Familie Reiter ist in den Ferien aus einer anderen Stadt hierhergezogen und so musste er die Schule wechseln. Vieles ist hier noch fremd und ungewohnt – der Schulweg, das Gebäude, die Kinder, die Lehrerinnen und Lehrer – und irgendwie findet er, dass in seiner alten Schule alles besser war. Hier riecht es sogar komisch!

Wie ist das, wenn man niemanden kennt?

Wer in eine bestehende Klasse neu hinzukommt, fühlt sich meist einsam. Wahrscheinlich hast du das selbst schon erlebt oder bei jemand anderem mitbekommen. Die Kinder, die schon länger da sind, kennen sich bereits: Manche spielen miteinander, andere ärgern sich, wieder andere gehen sich aus dem Weg. Wenn jemand Neues hinzukommt, sind manche neugierig, andere eher abweisend und wollen nicht gestört werden oder haben sogar Angst, dass der oder die Neue einem den Freund wegnimmt. Das sind natürliche Reaktionen, die für den Neuling jedoch verwirrend und verunsichernd sein können.

Moritz erinnert sich an den ersten Tag: Wie seine Lehrerin, Frau Krämer, ihm den letzten freien Platz neben Philipp zuwies und wie der ihm die Schule zeigte: die Toiletten, das Kabuff des Hausmeisters, das Aquarium mit den bunten Fischen im Rektorat. In der großen Pause begleitete Philipp ihn auf den Schulhof, aber kaum waren sie dort angelangt, stürzte er los und verschwand in einem Pulk wild hin und her rennender Jungen. Moritz kam sich ziemlich blöd vor, als er am Eingangstor stehen gelassen wurde.

»He, pass doch auf!« Im Vorbeigehen stößt jemand an Moritz' Tisch, ein Heft flattert zu Boden und natürlich latscht Simon drüber. Der Schuhabdruck und ein Knick sind unübersehbar. Moritz ist wütend und gibt Simon einen heftigen Stoß. Der kommt aus dem Gleichgewicht und stolpert über einen Stuhl.

Gleich ist die Lehrerin, Frau Krämer, zur Stelle. »Was ist hier schon wieder los? Ich will gar nicht wissen, wer angefangen hat! Ihr hört jetzt beide auf, packt alle zügig eure Sachen ein und dann ab nach Hause!«

Einige Kinder, die den Vorfall mitbekommen haben, kichern. Moritz schießen die Tränen in die Augen. Eigentlich findet er Simon ganz nett. Er gehört nicht zu den wilden Jungen, die in der Pause herumrennen und Fangen spielen, sondern steht meistens in einer Ecke, schaut zu und verzehrt sein mitgebrachtes Pausenbrot. Moritz wischt sich die Tränen aus den Augen, packt den Rest seiner Sachen zusammen und trottet nach Hause.

Er pfeffert seine Schultasche ins Eck, geht in sein Zimmer und wirft sich aufs Bett. Ihm ist zum Heulen zumute und das ärgert ihn erst recht!

»Was ist los mit dir? Hast du schlechte Laune, oder was?« Moritz hat gar nicht gemerkt, wie seine Mutter ins Zimmer kam. Am liebsten möchte er in Ruhe gelassen werden! Er kennt seine Mutter, die lässt nicht locker, wenn sie etwas ahnt.

Da bricht es aus ihm heraus: »Es ist so doof, dass wir umgezogen sind! Hier sind alle nur blöd! Niemand kann mich leiden! Ich gehe nicht mehr in die Schule!«

Mit einem Seufzer setzt sich die Mutter an sein Bett

und sagt erst mal eine Weile nichts. »Ich hab mir schon so was gedacht. Es ist für uns alle nicht leicht, hier Fuß zu fassen. Erzähl mir doch mal, was heute passiert ist.«

Moritz zögert und merkt dann, wie gut es tut, sich alles von der Seele zu reden. Seine Mutter fragt nur selten nach, hört die meiste Zeit zu. »Ich weiß nicht, warum Simon das heute gemacht hat. Ich werde einfach nicht schlau aus ihm. In der großen Pause sind wir oft zusammen. Gestern standen wir nebeneinander und schauten den Großen zu, als mich plötzlich ein Ball am Oberarm traf. Meine Dose mit Apfelschnitzen, Möhren und dem restlichen Stück Brot flog mir aus der Hand, der Inhalt landete auf dem Boden. Alle lachten, Simon am lautesten. Das fand ich gemein.«

»Das hat dir wehgetan, weil du erwartet hast, dass er zu dir hält«, tröstet ihn seine Mutter. »Und als er heute, vielleicht aus Versehen, auf dein Heft getreten ist, hast du dich richtig geärgert. Das verstehe ich, aber ich finde, du solltest Simon noch eine Chance geben. Ich bin sicher, dass du Freunde finden wirst. Das braucht seine Zeit.«

Moritz ist sich da überhaupt nicht sicher, aber er ist hungrig, und nachdem er sich satt gegessen hat, sieht alles nicht mehr so trostlos aus.

Einen Tag später ruft gegen Abend Frau Krämer an. Frau Reiter ist am Telefon. »Ich mache mir Sorgen wegen Moritz. Er wirkt unglücklich auf mich und heute weigerte er sich, in der Pause in den Hof zu gehen. Er war durch nichts zu bewegen. Das geht natürlich nicht, alle Kinder müssen an die frische Luft, aber ich habe den Eindruck, dass er richtigen Kummer hat. Können Sie und Ihr Mann morgen Nachmittag in die Schule kommen? Wir müssen miteinander reden.«

»Was hat Frau Krämer gesagt?« Moritz möchte wissen, was die Eltern und Frau Krämer über ihn gesprochen haben.

»Lass uns nach dem Abendessen in Ruhe darüber reden.« Das ist typisch Papa, der überlegt sich jedes Wort ganz genau, bevor er es ausspricht. Auch wenn Moritz lieber zuerst reden und dann essen möchte, weiß er, dass er sich so lange gedulden muss.

Nachdem Moritz das Geschirr abgeräumt hat, setzen sich alle nochmals an den Tisch. Herr Reiter beginnt: »Frau Krämer hat den Eindruck, dass du dich zurückziehst und nichts mit deinen Klassenkameraden zu tun haben willst. Im Gegenteil, dass du sehr empfindlich bist und auf jede Kleinigkeit übertrieben reagierst. Dabei ist die Klasse nett und hat dich zunächst mit offenen Armen empfangen.«

Ha, da kann Moritz nur lachen! Niemand hat sich für ihn interessiert, von wegen »offene Arme«! Zum Glück weiß Frau Reiter durch Moritz' Erzählungen ein bisschen mehr. »Lass uns doch mal überlegen, wie du in deiner Klasse Fuß fassen könntest. Ich glaube, dir fehlt jemand, dem du vertrauen kannst, ein Freund. Wer käme denn da infrage?«

Wozu brauchen wir Freunde?

Die meisten Kinder finden in ihrer Klasse einen oder mehrere Freunde. Manchmal versucht ein Kind immer wieder, Anschluss zu finden. Wenn es das trotzdem nicht schafft, kann es sein, dass es aufgibt. Für die anderen sieht das so aus, als ob das Kind gar keinen Freund mehr haben will.
Es gibt Kinder, die sich dann wohlfühlen, wenn sie viele Freunde haben und ständig was los ist. Andere dagegen sind lieber für sich und haben wenige Freunde. Aber alle Menschen, große und kleine, brauchen andere.

Von Simon hat Moritz zunächst mal genug. Philipp findet er immer noch ganz nett, obwohl der ihn in der Pause hat stehen lassen. Außerdem wohnt er gleich um die Ecke. Herr Reiter schlägt vor: »Wie wäre es, wenn ihr beiden nach der Schule zusammen Hausaufgaben machen und dann zusammen spielen würdet?«

Mit klopfendem Herzen wählt Moritz die Nummer von Philipp. Der Vater nimmt ab, auch das noch! Er übergibt das Telefon gleich an seinen Sohn: »Ja, ich glaube, es passt morgen, ich muss nur zuerst meine Eltern fragen.«
Wenige Augenblicke später ist Philipps Vater wieder am Telefon. »Morgen ist in Ordnung. Kann ich noch

kurz deine Mutter oder deinen Vater sprechen?« Moritz drückt seinem Vater das Telefon in die Hand und kurze Zeit später ist die Abmachung perfekt.

Moritz öffnet die Tür, als Philipp klingelt. Zuerst machen die beiden ihre Hausaufgaben, und als sie fertig sind, kommt genau zum richtigen Zeitpunkt Frau Reiter mit zwei großen Tassen Kakao und Keksen ins Zimmer. Moritz überlegt sich, was sie nun zusammen spielen könnten, aber Philipp macht es ihm leicht: »Zeigst du mir deine Modellautos?« Moritz freut sich über Philipps Interesse, denn diese Sammlung ist sein ganzer Stolz: »Schau her, den Range Rover habe ich selbst zusammengebaut, da funktioniert sogar die Lenkung!«

»Krass, bei dem roten Lamborghini kann man die Haube aufklappen und den Motor sehen!«, begeistert sich Philipp.

Der Nachmittag vergeht wie im Flug. Philipp kann sich kaum losreißen, aber er muss noch ins Fußballtraining. Als er gegangen ist, räumt Moritz die Autos langsam wieder an ihren Platz und summt zufrieden vor sich hin.

Am nächsten Morgen freut sich Moritz auf seinen Nebensitzer. Als sich die beiden vor Unterrichtsbeginn über Moritz' Modellautos unterhalten, kommt Simon dazu. Sofort gibt er seinen Senf dazu und hört gar nicht mehr auf, über Moritz und seine Autos zu lästern. Moritz ärgert sich, doch bevor es zu einem Streit kommen kann, betritt Frau Krämer das Klassenzimmer und der Unterricht beginnt.

In den folgenden Tagen stichelt Simon immer wieder gegen Moritz: »Gehst du wieder Auto spielen?« Moritz ärgert sich, dass Philipp nie viel dazu sagt und sich raushält. Er weiß nicht, was er davon halten soll. Ist der sein Freund oder nicht?

Drei Wochen später feiert Philipp seinen Geburtstag. Moritz ist eingeladen. Er hat erfahren, dass Simon auch kommen wird. Ausgerechnet der! Bestimmt macht er sich wieder nur über ihn lustig. Am liebsten würde Moritz kneifen und vortäuschen, ihm sei schlecht, aber seine Mutter würde ihm das nie abnehmen. Also macht er sich schweren Herzens auf den Weg. Sein Geschenk, einen selbst zusammengebauten Jaguar Roadster, trägt er gut verpackt in einer Tüte.

Was macht einen guten Freund aus?

Hast du einen guten oder sogar besten Freund? Woran merkst du das? Diese Frage ist nicht einfach zu beantworten. Manche sagen: Ein guter Freund hat gleiche oder ähnliche Interessen wie ich. Oder: Er hilft mir, wenn andere mich ärgern oder verhauen wollen. Oder: Er lässt mich mitspielen. Oder: Sie darf bei mir die Hausaufgaben abschreiben und ich bei ihr.

Manchmal streiten sich gute Freunde und Freundinnen. Das ist ganz normal, nicht immer kann man einer Meinung sein. Dann bist du vielleicht sauer, wütend, enttäuscht. Sobald ihr euch abgekühlt habt, könnt ihr wieder miteinander reden und euch vertragen.

Simon ist schon da, als Moritz bei Philipp ankommt. Der packt den Jaguar gleich aus und Moritz beobachtet Simon, der nichts mitbekommt, weil er an seinem Handy herumspielt. Gut so! Philipp freut sich riesig über den Jaguar und stellt ihn gleich in sein Regal zu seinen anderen Autos. Moritz fällt ein Stein vom Herzen!

Es gibt Kuchen und Spiele, dann teilt Philipps Mutter die Kinder in zwei Gruppen, die »Montagsmaler« gegeneinander spielen. Simon ist in Moritz' Mannschaft. Er ist beeindruckt, wie schnell Simon erfasst, was die anderen

Kinder mit ihren Zeichnungen meinen. Da Moritz ein guter Zeichner ist, sind die beiden ein starkes Team. Moritz deutet in wenigen Strichen an, worum es geht, und schon hat Simon den richtigen Begriff erraten!

Simon und Moritz gehen ein Stück zusammen nach Hause.

»Das war richtig klasse, als du sofort kapiert hast, dass ich eine Windmühle gemeint habe!«, sagt Moritz.

»Ja, aber du zeichnest echt genial! Dein ›Schweinsgalopp‹ – da muss man erst mal drauf kommen, das so zu zeichnen! Jeder hat es sofort kapiert!«

Moritz freut sich und ist überrascht, wie nett Simon sein kann.

In den kommenden Wochen freundet sich Moritz weiter mit Philipp an. Morgens warten die beiden aufeinander und gehen gemeinsam in die Schule. Ab und zu gibt es am Wochenende gemeinsame Unternehmungen zum Baggersee mit Philipps Patenonkel Stefan.

»Du hast doch nichts dagegen, dass Simon am nächsten Samstag mit uns kommt?«, fragt Philipp. Das gibt Moritz einen Stich, auch wenn er mit Simon mittlerweile gut klarkommt. Er hat sich so auf den Nachmittag am Baggersee gefreut. Was soll er sagen? Schnell dreht er sich weg, damit ihm Philipp die Enttäuschung nicht anmerkt. Schweren Herzens geht er nach Hause und macht sich so seine Gedanken. Will sich Simon in seine Freundschaft mit Philipp drängen? Moritz findet keine Antwort.

»Heute gehen wir angeln!« Philipps Patenonkel hat für jeden eine Angelrute besorgt. Voller Erwartung setzen sich Moritz, Philipp und Simon ins Auto. Stefan fährt mit den Jungs an einen Fischteich, wo es Forellen gibt. Es dauert nicht lange, bis jeder einen Fisch an der Angel hat. Die Forellen sind noch zu klein zum Essen und Stefan zeigt, wie man den Haken so entfernt, dass der Fisch nicht verletzt wird. Die meisten Forellen landen wieder im Wasser und schwimmen erleichtert davon. Zum Schluss darf jeder ein größeres Exemplar behalten, das vom Besitzer des Fischteichs fachgerecht ausgenommen wird. Am benachbarten Grillplatz entfachen die Jungen ein Feuer, wickeln ihre Forellen in Alufolie und legen sie in die Glut. Es dauert nicht lange, bis die Fische gar sind. Stefan zeigt, wie man sie so zerlegt, dass die Gräten sich lösen.

»Wenn es zu Hause Fisch gibt, mag ich den nie! Aber der hier schmeckt richtig gut!«, sagt Simon.

Auf dem Heimweg wundert Moritz sich, wie gut ihm der Nachmittag gefallen hat – trotz Simon. Müde geht er ins Bett und schläft zufrieden ein.

Am nächsten Montag trifft er Philipp wie immer auf dem Weg in die Schule. Die gemeinsame Erinnerung an das vergangene Wochenende begeistert beide: »Weißt du, wie ich diese fette Forelle schon am Haken hatte und sie in letzter Sekunde wieder loskam? Die war einfach schlau und wusste, was sie erwartete!« Moritz erinnert sich gut und stimmt Philipp zu. In der Schule treffen sie Simon. »War das nicht ein echt cooles Wochenende?«, fragt er gleich die beiden. Sie können gar nicht mehr aufhören zu erzählen, bis Frau Krämer mit dem Unterricht beginnt.

Einige Wochen später ruft David, Moritz' Tischnachbar aus der alten Schule an. »Wie ist deine neue Klasse? Hast du schon Freunde gefunden?«

Habe ich das, fragt sich Moritz? »Ich glaube schon. Simon und besonders Philipp sind wirklich nett.« Er erzählt David vom Angelwochenende und beantwortet für sich Davids Frage: Ja, ich habe Freunde in meiner neuen Schule und Philipp mag ich noch ein bisschen lieber als Simon.

SEINEN PLATZ FINDEN

Jeder Mensch ist einzigartig: So einen wie dich und mich hat es noch nie gegeben und wird es nie wieder geben! In unserer Familie kennen und respektieren wir uns normalerweise gegenseitig. Wenn wir in eine neue Gemeinschaft kommen, sei es die Schulklasse oder der Fußballverein, suchen wir unseren Platz. Indem wir die anderen und die anderen uns kennenlernen, erfahren wir von unseren Stärken und Schwächen. Wenn alles gut läuft, finden wir die Lücke, in die wir mit unserer Einzigartigkeit hineinpassen. Das kann etwas sein, wo wir uns auskennen, z.B. bei Bundesligaspielern. Oder was wir gut können, wie anderen Rechenaufgaben erklären.

Im »Dreierpack« befreundet zu sein ist eine besondere Herausforderung. Da geschieht es schnell, dass einer oder eine sich ausgeschlossen oder zurückgesetzt fühlt, während die anderen sich gut verstehen, Spaß miteinander haben und zufrieden sind. Wenn dies abwechselnd geschieht, können Dreier-Freundschaften eine abwechslungsreiche und spannende Erfahrung sein.

Wie sieht dein »Platz« bei deinen Freundinnen und Freunden und in der Klasse aus? Wodurch bist du für die anderen wichtig? Was schätzen, mögen sie an dir?

WAS DIR HILFT, IN DEINER (NEUEN) KLASSE ZURECHTZUKOMMEN

☑ Schau dich zunächst mal um. Was sind das für Kinder, mit denen du es zu tun hast? Wofür interessieren sie sich? Was sind ihre Hobbys? Merke dir ihre Namen! Das ist für dich schwieriger, weil du auf einmal viele Namen zu lernen hast, die anderen dagegen müssen nur einen, deinen, behalten!

☑ Höre zu, wenn andere Kinder erzählen, was sie gerne mögen und in ihrer Freizeit tun. Du wirst schnell beim einen oder anderen Gemeinsamkeiten entdecken. Das gibt dir Gelegenheit zu zeigen, wo deine Interessen liegen.

☑ Welches der Kinder findest du nett, sympathisch? Überlege dir, wen du zu dir nach Hause, zum Geburtstag oder zu einem Ausflug mit der Familie einladen willst. Falls ihr zu Hause Familienrat abhaltet, ist das eine gute Gelegenheit, dies mit Eltern oder Geschwistern abzusprechen.

☑ Finde heraus, wer in deiner Nachbarschaft wohnt. Verabrede dich mit ihm oder ihr für den Schulweg.

☑ Wenn die anderen Kinder sich nicht für dich interessieren, dich links liegen und nicht mitspielen lassen, muss das noch lange nicht heißen, dass sie dich nicht mögen. Es kann genau so gut sein, dass sie dich noch nicht richtig kennengelernt haben. Wenn du dich beleidigt in den Schmollwinkel zurückziehst, werden sie nie die Chance bekommen! Warte auf den günstigen Moment, wenn gerade ein Spielpartner gesucht wird und »bringe dich ins Spiel«. Tu das immer wieder, auch wenn du mal abgewiesen wirst.

☑ Sprich mit anderen über deine Situation. Das können Freunde von früher sein, deine Eltern, deine Patentante oder dein Patenonkel, deine Großeltern. Erwachsene Vertrauenspersonen haben mit Sicherheit schon Ähnliches erlebt und können dich unterstützen. Manchmal hilft es, eine bestimmte Situation vorher durchzuspielen. Zum Beispiel: Wie frage ich meinen Nebensitzer, ob er morgen nach der Schule mit mir nach Hause kommen will?

☑ Es ist gut möglich, dass dir zwischendurch die Situation über den Kopf wächst: weil du den Eindruck hast, dass einige Kinder dich ganz gezielt ärgern oder du keine Idee mehr hast, was du noch tun könntest, um in die Klasse aufgenommen zu werden. Wende dich an deine Klassenlehrerin oder an deine Eltern. Manche Situationen kann man als Kind nicht selbst lösen und dann ist es schlau, Erwachsene zu fragen.

MOBBING

Manchmal erleben Kinder, dass sie immer wieder von anderen geärgert, schlecht gemacht, bloßgestellt, gequält, ja sogar geschlagen oder erpresst werden. Besonders schlimm ist das, wenn sich mehrere oder ältere Kinder gegen einen Einzelnen zusammentun. Das Opfer fühlt sich dann ausgeliefert, wehr- und hilflos, und was es auch versucht, macht alles nur noch schrecklicher. Geschieht dies regelmäßig über längere Zeit, spricht man von »Mobbing«. Wenn dir das selbst passiert, fragst du dich vielleicht, warum das so ist. Meistens gibt es dafür jedoch keine Erklärung. Für Mobber gibt es immer irgendeinen Grund und der muss nichts mit dir zu tun haben. Freundinnen und Freunde sind meistens keine Hilfe, weil sie Angst haben, selbst zur Zielscheibe zu werden. Deshalb müssen bei Mobbing die Erwachsenen eingreifen. Wenn du selbst Opfer bist oder solche Vorfälle beobachtet hast, wirst du vielleicht zunächst deinen Eltern davon erzählen. Gegen Mobbing an der Schule können deine Lehrerinnen und Lehrer etwas unternehmen, aber dazu müssen sie von dir erfahren, was Sache ist! Das hat mit Petzen nichts zu tun – wenn jemand schlecht behandelt wird, muss man Hilfe holen!

Typisch Junge – typisch Mädchen?

MARIE WIRD VON JUNGS GEÄRGERT

Marie kommt mit finsterem Gesicht nach Hause. Ihren kleinen Bruder Robin, der sie mit lautem Krähen begrüßt, schubst sie ungehalten zur Seite. Sie stürmt in ihr Zimmer und knallt die Tür hinter sich zu. Ihre hübschen roten Schuhe, der Anlass ihrer Verzweiflung, schleudert sie in die Ecke. Jetzt geht es ihr ein bisschen besser. Sie setzt sich an ihren Schreibtisch, stellt ihre Ellenbogen auf und stemmt ihr Kinn in die Fäuste. Endlich fließen die Tränen! Alle haben über sie gelacht, als Simon sie wieder einmal geärgert hat. Diesmal waren es die besagten roten Schuhe. Marie hat sie gestern von ihrer Patentante Sylvia geschenkt bekommen. Schon lange hat sie sich genau solche gewünscht. Da kam der Besuch von Sylvia gerade recht! Auf dem Weg in die Stadt lotste Marie sie zielstrebig zum Schuhgeschäft und Sylvia wusste Maries sehnsüchtige Blicke sofort zu deuten. Die Schuhe passten auf Anhieb, als wären sie nur für sie angefertigt worden. Trotz ihrer Tränen muss Marie lächeln, weil sie sich an das Gefühl erinnert, als sie zum ersten Mal in den Schuhen stand. Ihre Freundinnen fanden sie auch gut, nur Anita zog ein schiefes Gesicht. Wahrscheinlich hätte sie selbst gerne solche Schuhe! Gegen Ende der Pause stellte sich Simon und drei seiner Freunde mit dämlichem Grinsen vor sie hin: »Na, unsere feine Dame hat Lackschühchen bekommen!« Seine Freunde schütteten sich aus vor Lachen und riefen »Lackschühchen, Lackschühchen!« Was war daran bloß witzig? Mit heißen roten Wangen und Ohren und Tränen in den Augen, aber erhobenen Hauptes ging Marie ins Klassenzimmer zurück. Auf dem Weg dorthin sprach die Klassenlehrerin Frau Krämer sie an: »Warum bist du denn so in Fahrt?« Marie erwiderte kurz: »Die Jungs haben mich geärgert.« Sie schluchzt laut auf, als die Szene wie ein Film vor ihrem inneren Auge abläuft.

Gefühle

Jeder Mensch drückt Gefühle auf seine persönliche Weise aus. Nicht jeder schreit, wenn er wütend ist; wird rot, wenn er sich schämt; weint, wenn er traurig ist; wird blass und zittert, wenn er Angst hat; singt, wenn er sich freut. Oft siehst du von außen nur wenig, was in jemandem abläuft.

Gefühle helfen, uns zurechtzufinden, doch manchmal sind sie so stark, dass wir uns nicht mehr zu helfen wissen. Wenn du sehr traurig, wütend oder ängstlich bist, wirst du zu jemand gehen, zu dem du Vertrauen hast. Das können die Eltern, aber auch ein guter Freund oder eine gute Freundin sein. Häufig tut es gut, jemanden bei sich zu haben, um sich zu beruhigen. Manchmal ist es besser, sich zurückzuziehen und eine Weile alleine zu sein.

Ein Klopfen an der Tür und sofort geht sie auf: Das kann nur Robin sein. Er hat immer noch nicht gelernt, auf das »Herein« zu warten. Marie will ihn wütend zurechtweisen und hinauskomplimentieren, sie hat gerade genug von Jungen. Aber als sie Robin sieht, wie er ihr einen verschrumpelten Apfel hinhält und sagt: »Marie nicht böse sein!«, muss sie, ohne dass sie es will, lachen. Sie wischt sich die Tränen aus dem Gesicht und nimmt Robin auf den Schoß. Der kuschelt sich zufrieden an sie und beißt in den mitgebrachten Apfel.

Nachdenklich nimmt Marie ihr linkes Ohrläppchen zwischen Daumen und Zeigefinger. Das tut sie immer, wenn sie überlegt. Sie versteht einfach nicht, was mit den Jungen in ihrer Klasse los ist. Früher haben sie ganze Nachmittage auf dem Spielplatz im Park miteinander verbracht und auch jetzt läuft es gut mit einzelnen von ihnen, ja sogar mit Simon: Am Kindergeburtstag von Philipp haben sie zusammen gespielt und viel Spaß miteinander gehabt. Außerdem sind sie in derselben Handballmannschaft und kommen dort bestens miteinander aus. In der Schule jedoch sind die Jungs unausstehlich: Sie werfen mit dem Schwamm, kicken sich ihre Mäppchen gegenseitig vom Tisch und finden das lustig. Am schlimmsten ist für Marie, dass sie nicht aufhören, sondern immer weitermachen.

Jungen und Mädchen unterscheiden sich

Dass sich die Körper von Jungen und Mädchen, Männern und Frauen unterscheiden, ist offensichtlich. Auch im Verhalten gibt es auf den ersten Blick Unterschiede: Jungen scheinen sich gerne zu bewegen, sitzen nicht so lange still, während Mädchen gerne zusammenhocken und miteinander reden. Wenn du jedoch genau hinschaust, wird dir auffallen, dass es Mädchen gibt, die gerne herumtoben, sowie Jungs, die es genießen, mit anderen ruhig zu spielen und zu reden. Im Laufe unserer persönlichen Entwicklung probieren wir herum und finden heraus, wie wir als Junge/Mann oder als Mädchen/Frau sein wollen. Was glaubst du, wie dich die anderen sehen? Und wie siehst du dich selbst?

Robin hat genug von seinem Apfel und legt ihn auf Maries Schreibtisch. Nun will er, dass sie mit ihm ein Bilderbuch anschaut, aber Marie muss noch Hausaufgaben machen. Sie setzt Robin behutsam, damit er kein Theater macht, von ihrem Schoß ab und drückt ihm das Bilderbuch in die Hand.

Simon ist sauer. Wütend kickt er eine Blechdose über den Gehweg. Das war heute ein blöder Tag. Außerdem muss er noch Hausaufgaben machen. Am meisten ma-

chen ihm die »Zicken« in seiner Klasse zu schaffen: So werden von einigen Jungen in seiner Klassen seit Kurzem die Mädchen bezeichnet. Er findet das ein blödes Wort, aber zu seinem heutigen Erlebnis passt es. In der Pause hat er Marie nur ein bisschen wegen ihrer neuen roten Schuhe geärgert – und schon ist sie fast in Tränen ausgebrochen! Warum sind Mädchen so empfindlich?

Es war wirklich nicht böse gemeint von ihm, sondern hat sich einfach so ergeben. Marie ist mit ihren Freundinnen gleich zur Lehrerin gerannt und die hat Simon und anderen Jungen – nur Jungen! – einen Vortrag gehalten über respektvollen Umgang miteinander. Dabei war alles nur Spaß! Außerdem: Die Mädchen sind auch nicht gerade zimperlich und respektvoll, wenn es um Ausdrücke und Beleidigungen geht. Vor ein paar Tagen hat sich Sophie geweigert, im Sport neben Paul zu sitzen, mit der Begründung, der würde stinken! Simon hat sich davon überzeugt, dass das gelogen war. Und wenn schon – beim Sport schwitzt jeder.

Sich gegenseitig respektieren

Was einem gefällt, muss jemand anderes noch lange nicht lustig finden. Spätestens wenn jemand sich gestört fühlt, wütend wird oder weint, hört der Spaß auf. Manchmal macht jemand nur mit, um vor seinen Klassenkameraden gut dazustehen. Dann gehört Mut dazu aufzuhören und zu respektieren, wenn jemand nicht mehr mitmachen will – ohne sich gegenseitig zu beleidigen oder kleinzumachen.

Simon geht etwas langsamer, das macht er immer, wenn er nachdenkt. Wann hat das angefangen, dass Mädchen gegen Jungen sind und umgekehrt? Er erinnert sich nur, dass es früher anders war und auch jetzt nicht überall gegeneinander geht. Im Handballverein spielen Jungen und Mädchen miteinander, da gibt's gar nichts! Auch Marie ist dabei: Sie ist eine gute Teamspielerin, hat immer die Mannschaft im Blick, gibt den Ball sofort ab – das zählt, und dass sie ein Mädchen ist, spielt überhaupt keine Rolle! Aber in der Schule werden aus den Mädchen, auch Marie, die reinsten Zuckerpüppchen, mit denen man nichts anfangen kann, die empfindlich sind, gleich losschreien oder heulen.

Am nächsten Morgen wacht Simon gut gelaunt auf: Heute ist Freitag und gleich nach der Schule wird ihn der Vater abholen, um die Großeltern zu besuchen. Sein Lieblingsmüsli steht auf dem Frühstückstisch, er füllt sich die Schüssel und isst sich richtig satt. Jetzt kann's losgehen! Voller Energie lädt er sich seinen Schulranzen auf, das Gewicht spürt er kaum. Auf dem Weg trifft er Philipp und Moritz und zu dritt betreten sie das Klassenzimmer. Auweia, da steht an der Tafel: »Simon, Tafeldienst!« Das hat er gestern ganz vergessen. Er nimmt den Schwamm, macht ihn nass, drückt ihn ordentlich aus und begibt sich an die Arbeit.

»Philipp, fang auf!« Simon wirft Philipp, der am Waschbecken steht, den Schwamm zu, damit er ihn auffängt und ans Becken legt. Das tut er auch, aber anstatt ihn wegzulegen, wirft er ihn zurück. So geht es ein paar Mal hin und her, bis sich Philipp duckt. Der Schwamm fliegt an ihm vorbei und trifft – Marie, die gerade zur Klassenzimmertür reinkommt. Auf ihrer Bluse zeichnet sich ein nasser Fleck ab. Alle drei – Philipp, Simon, Marie – stehen für einen Augenblick wie erstarrt da. Dann geht Marie mit einem lauten Schrei wie eine Löwin auf

Simon los. Der ist völlig verdattert und weiß nicht, wie ihm geschieht. Er hat Marie doch gar nicht treffen wollen, das ist aus Versehen passiert und tut ihm leid! Einige Kinder trennen die beiden, die schluchzende Marie wird von Anita getröstet, Philipp und Moritz beruhigen Simon. Kurz darauf betritt Frau Krämer das Klassenzimmer und die Kinder erzählen ihr, was vorgefallen ist. »Marie und Simon, nach dem Unterricht bleibt ihr noch ein paar Minuten da. Philipp auch. Ich will mit euch reden.« Simon öffnet schon seinen Mund und will widersprechen: Der Vater wartet auf ihn, um ihn abzuholen. Doch ein Blick von Frau Krämer und sein Mund klappt wieder zu. Er weiß aus Erfahrung: Wenn Frau Krämer diesen Blick aufgesetzt hat, gibt es kein »Aber«.

»Ich möchte von euch hören, was vorgefallen ist. Marie, fang du bitte an.«

Marie erzählt: »Ich komme ins Klassenzimmer und schon fliegt der Schwamm auf mich zu! Schauen Sie meine Bluse an, ewig hat es gedauert, bis sie trocken war, der Kreideabdruck ist immer noch zu sehen! Das machen die Jungs immer, die nehmen einfach keine Rücksicht! Von mir aus können die sich mit Schwämmen bewerfen, wie sie wollen, aber nicht, wenn andere dabei sind!«

Frau Krämer wendet sich Simon und Philipp zu: »Wir haben im Klassenrat festgelegt, dass es keine Schwammschlachten im Klassenzimmer gibt!«

»Das war keine Schwammschlacht, ich habe Philipp den Schwamm nur zugeworfen, damit er ihn ans Waschbecken legt.« Frau Krämer schaut Simon prüfend an, dann kommt der Rest der Geschichte ans Licht: »Wir haben ihn uns nur ein paar Mal zugeworfen, höchstens drei Mal! Und dann hat sich Philipp geduckt – das konnte ich doch nicht ahnen! Ich wollte mich gleich entschuldigen, aber Marie ist sofort auf mich losgegangen!«

Simon entschuldigt sich: »Es tut mir leid, Marie, dass ich den Schwamm auf dich geworfen habe!«

Philipp ergänzt: »Und ich entschuldige mich fürs Mitmachen!«

Marie gibt zu: »Und mir tut es leid, dass ich gleich auf dich, Simon, losgegangen bin.«

Miteinander reden und sich vertragen

Wenn du wütend bist oder dich über jemanden ärgerst, kann es leicht passieren, dass du Dinge sagst, die dir hinterher leidtun und die du nicht so gemeint hast. Deshalb ist es besser, zunächst »abzukühlen« und dann in Ruhe miteinander zu reden und zu überlegen, wie es weitergeht. Vielleicht ist es angebracht, dass du oder beide Seiten sich entschuldigen oder anbieten, etwas wieder gutzumachen?

Fällt es euch schwer, in Ruhe miteinander zu sprechen, könnt ihr jemanden bitten zu helfen, z.B. die Klassenlehrerin oder den Klassensprecher oder, falls es das an eurer Schule gibt, einen Streitschlichter.

Die Kinder geben sich die Hand, doch Frau Krämer ist noch nicht zufrieden. »Ich finde, ihr beiden, Philipp und du, habt gegen unsere Regeln verstoßen und alle drei habt ihr eine ziemliche Aufregung in die Klasse gebracht. Was könntet ihr denn tun, damit wieder bessere Stimmung zwischen Mädchen und Jungen herrscht? Überlegt euch was, ich möchte am Montag eine Antwort von euch haben.«

»Was hat Frau Krämer gesagt?« Anita hat auf Marie gewartet. Die zögert mit ihrer Antwort. Zu Beginn des Gesprächs war Marie empört und glaubte, völlig im Recht zu sein. Jetzt ist sie sich da nicht mehr so sicher.

»Sie hat gemeint, dass ich nicht auf Simon hätte losgehen dürfen.«

»Aber der hat doch angefangen und den Schwamm geworfen!«

»Na ja, schon. Dass er mich getroffen hat, war allerdings Zufall und keine Absicht. Ich bin gleich auf ihn losgegangen! Das war auch nicht in Ordnung.« Die beiden Mädchen trotten nebeneinander her. »Wir sollen was für die Klasse tun, damit die Stimmung wieder besser wird – ich habe keinen Plan«, seufzt Marie. »Außerdem habe ich überhaupt keine Lust, mir was zu überlegen!«

»Wir könnten ja einen ›Klassen-Ferientag‹ vorschlagen. Wir bekommen alle einen Tag frei, das sorgt sicher für gute Laune!«

»Da macht Frau Krämer bestimmt nicht mit.«

»Oder wir machen einen Mädchen-Jungen-Tausch-Tag.«

»Wie soll das denn gehen?«

Anita redet sich nun in Fahrt: »Wir tauschen die Plätze im Klassenzimmer und die Jungen müssen das machen, was wir Mädchen so tun, also Fangen in der Pause, und wir Mädchen spielen die Jungen-Spiele wie Schwammwerfen und Mäppchenkicken. Dann werden die von selber merken, wie blöd das eigentlich ist!«

»Und du glaubst wirklich, das funktioniert?«, fragt Marie zweifelnd. »Ich glaube, Frau Krämer hat sich was Anderes vorgestellt.«

»Am besten ihr redet alle noch mal am Montag mit Frau Krämer. Die Jungs sollen sich ruhig auch was überlegen, es hängt ja nicht alles an dir!«

Marie hüpft erleichtert einen Schritt voraus. Jetzt kann das Wochenende kommen, denn sie hat keine Hausaufgaben mehr zu erledigen und will zwei Tage nichts von Schule hören!

Montagfrüh trifft Simon Philipp auf dem Schulweg. »Frau Krämer wird uns gleich fragen, was wir uns überlegt haben. Hast du schon eine Idee?«

Philipp zuckt mit den Schultern: »Vielleicht könnten wir zusammen Muffins backen und mitbringen. Die gab es bei meinem Geburtstag und haben allen geschmeckt. Das Rezept ist ganz einfach. Obwohl ich finde, dass es nicht richtig ist, dass wir immer die Bösen sind. Es war doch wirklich nur Spaß und keine Absicht.«

Simon denkt über Philipps Satz nach. Ist es wirklich so, dass die Jungs immer die Bösen sind? Hat Frau Krämer mehr Verständnis für die Mädchen, weil sie selbst mal ein Mädchen war? Im Großen und Ganzen findet er seine Klassenlehrerin gerecht. Jungen und Mädchen gefallen eben unterschiedliche Dinge.

Fairness und Gerechtigkeit – jede Geschichte hat (mindestens) zwei Seiten

»Das ist unfair!« Sicher hast du diesen Satz schon einmal gesagt und dich ungerecht behandelt gefühlt. Um gut miteinander auszukommen, dürfen wir die Dinge nicht nur mit unseren Augen sehen, sondern müssen uns in andere hineinversetzen, man sagt auch »in den Schuhen des anderen gehen«. Das gelingt uns unterschiedlich gut – und das gilt ebenso für Erwachsene!

»Lass uns nachher Marie fragen, ob ihr was eingefallen ist«, meint Simon.

Vor der ersten Stunde sprechen die Kinder mit Frau Krämer. Marie bringt Anitas Vorschlag eines »Mädchen-Jungen-Tausch-Tags« vor. Simon und Philipp finden die Idee gar nicht so schlecht, aber wenn nicht alle mitmachen, klappt der Plan nicht. Nach einigem Hin und Her einigen sie sich auf Philipps Idee, die sie »Mädchen-Jungen-Versöhnungstag« nennen: Am nächsten Freitag bringen Simon und Philipp Muffins mit. Marie und Anita bereiten für die große Pause Kakao in der Schulküche zu und Frau Krämer überlegt sich Spiele.

Nach der Schule gehen Simon und Marie nachdenklich auf verschiedenen Straßenseiten nach Hause. Sie haben fast den gleichen Heimweg. Eigentlich idiotisch. Denkt Simon. Denkt Marie.

»He, warte mal!« Simon hat sich ein Herz gefasst und wechselt die Straßenseite. Marie wartet auf ihn. Jetzt steht er vor ihr und schaut verlegen auf seine Schuhspitzen. Aber da steht auch nicht, was er jetzt sagen könnte.

»Simon.«

»Marie.«

Sie sagen es fast gleichzeitig und müssen darüber lachen. »Es tut mir wirklich leid, das mit dem Schwamm. Und das mit deinen roten Schuhen auch. Ich habe es nicht so gemeint.«

Marie schluckt. Wie Simon so vor ihr steht, ist er rich-

tig süß. Jetzt reicht es aber! »Schon vergessen!«, meint sie und: »Wer ist als erster beim Bäcker um die Ecke?« Das war immer ihr Lieblingsspiel gewesen, und als sie atemlos und mit roten Backen dort ankommen, Marie einen winzigen Augenblick vor Simon, ist fast alles wie früher.

Fast alles, denkt Marie, als sie die Haustür öffnet. Marie ist gespannt, wie es weitergehen wird.

DAMIT ES ZWISCHEN JUNGEN UND MÄDCHEN BESSER KLAPPT – AUCH WENN SIE ÄLTER WERDEN

☑ Ganz gleich, ob du lieber mit Kindern des gleichen oder des anderen Geschlechts spielst und zusammen bist: Beides ist in Ordnung. Lass dich nicht rausbringen, auch wenn dir jemand was anderes einreden will!

☑ Das Gleiche gilt für »typische« Jungen- oder Mädchenbeschäftigungen: »Jungen spielen mit Autos, Mädchen mit Puppen.« Solche Behauptungen werden von Menschen mit wenig Fantasie aufgestellt und sind mit Modeerscheinungen vergleichbar. Tu, wozu du Lust hast und was dich interessiert mit denen, die deine Interessen teilen!

☑ Gegenseitige Vorurteile lassen sich auf Dauer nur aufrechterhalten, wenn man sich nicht richtig kennt. Deshalb hilft es, wenn ihr in eurer Klasse etwas zusammen unternehmt. Das können Spiele, Freizeitbeschäftigungen, Gruppenarbeit oder gemeinsame Referate sein: Du wirst überrascht sein, wie viel Spaß das macht!

☑ Gefühle gehören zu uns Menschen wie unsere Fähigkeit zum Denken und Sprechen. Gefühle zu zeigen ist völlig in Ordnung – egal ob du Junge oder Mädchen bist, ob du dabei weinst, lachst, rot oder blass wirst!

- ☑ Wenn du den Eindruck hast, dass sich in deiner Klasse Jungen und Mädchen besser verstehen sollten, sprich mit deiner Lehrerin und den Klassensprechern darüber und bringe das Thema in den Klassenrat ein.

»Ich mag nicht in die Schule gehen!«

SOPHIE HAT BAUCHSCHMERZEN

»Gute Nacht, Sophie, schlaf gut!« Frau Wagner steht vom Bett ihrer Tochter Sophie auf, legt die Decke fest um sie, geht zur Tür und macht das Licht aus.

»Lass die Tür bitte noch einen Spalt offen!«, bittet Sophie. Das schmale Lichtband und die gedämpften Geräusche, die in ihr Zimmer dringen, beruhigen Sophie. Sie hofft, dass sie bald einschlafen kann. Es ist Sonntagabend, am Wochenende war die Schule weit weg und jetzt fällt ihr ein, was morgen auf sie zukommt: Die anderen Kinder in ihrer Klasse, ihr neuer Lehrer Herr Winkler, der immer so grimmig schaut. Je mehr sie darüber nachdenkt, desto wacher wird sie. ›Habe ich am Freitag wirklich alles erledigt, was für Montag zu tun war?‹ Nur mit Mühe widersteht sie dem Drang, zum wiederholten Mal zu überprüfen, ob sie alles in ihren Ranzen gepackt hat. Die Augen weit geöffnet, schaut sie zur Zimmerdecke. In ihrem Bauch zieht sich ein großer Klumpen zusammen. ›Vielleicht hilft es, wenn ich nochmals aufs Klo gehe?‹, fragt sie sich.

Im Bad trifft sie auf Papa, der sich gerade die Zähne putzt. »Sophie, bist du immer noch wach?«

»Ich kann nicht einschlafen und mein Bauch tut weh.«

»Ich bringe dir eine Wärmflasche, leg dich schon mal hin.«

Nach wenigen Minuten kommt Papa mit der heißen Wärmflasche, wickelt sie in ein Handtuch und legt sie behutsam auf Sophies Bauch. Ah, das tut gut! Die Wärme verbreitet ein wohliges Gefühl und der dunkle Klumpen löst sich langsam auf.

Körper und Seele stehen miteinander in Verbindung

Unser Körper, unsere Gefühle und Gedanken beeinflussen sich wechselseitig – das kennt jeder: Wenn du dich aufregst, bekommst du vielleicht Herzklopfen und fängst an zu schwitzen; wird es stärker, kann es sein, dass du zitterst oder, ohne es richtig zu merken, deine Muskeln anspannst. Sind es vor allem Muskeln im Bauch, bekommst du Bauchschmerzen. Wenn sie sich nicht wieder lösen dürfen, tun Muskeln mit der Zeit weh. Das kannst du ganz einfach testen: Nimm ein Glas Wasser in die Hand und halte deinen Arm einige Minuten lang ausgestreckt vor dir. Ganz schnell werden dich die Armmuskeln schmerzen und du wirst froh sein, das Glas wieder abstellen zu dürfen.

Umgekehrt geht es auch: Wenn du es schaffst, die Muskeln wieder zu lösen, vielleicht durch Wärme, wirst du dich besser fühlen und einschlafen können.

»Ich komme einfach nicht dahinter, was mit unserer Sophie los ist«, sagt Herr Wagner abends zu seiner Frau. »Seit ein paar Wochen kommt sie sonntagabends nicht zur Ruhe und hat Bauchweh. Zuerst dachte ich, das verwächst sich, aber es scheint schlimmer zu werden. Letzte Woche brachte sie morgens keinen Bissen herunter, hat nur einen Schluck Tee getrunken. Lange schau ich da nicht mehr zu.«

Als am nächsten Morgen der Wecker piepst, löst sich Sophie nur schwer aus ihrem Traum von den vergangenen Sommerferien am Meer. Sie spürt noch Wind und Sonne auf ihrer Haut. Es hilft alles nichts: Wenn sie jetzt nicht aus dem Bett steigt, wird Mama gleich kommen und nachsehen, ob sie wieder eingeschlafen ist. Dann doch lieber selber aufstehen! Seufzend schlägt sie ihre Bettdecke zurück, geht ins Bad, zieht sich an und setzt sich an den Frühstückstisch. Papa und Mama sitzen schon da und teilen sich die Zeitung. Ihre ältere Schwester Laura rumort noch im Bad herum.

Beim Anblick ihres Tellers knotet sich Sophies Bauch erneut zusammen. »Müsli oder Marmeladenbrot?«, fragt Mama.

»Eigentlich habe ich noch gar keinen Hunger«, entgegnet Sophie. »Kann ich bitte Tee bekommen?«

Mama sagt nichts, aber Sophie fängt den Blick auf, den Mama Papa zuwirft. Sie schafft ihren Tee gerade so, schnappt sich ihren Schulranzen und begibt sich auf den Weg in die Schule.

Sophie setzt sich an ihren Platz. Ihre Nebensitzerin Eleni ist schon da und erzählt einer Gruppe von Mädchen, die sie umringen, von ihren Erlebnissen im Europapark. Mit halbem Ohr hört Sophie zu, das lenkt sie von ihrem Bauch ab. Sie öffnet die Schultasche und holt ihr Mäppchen heraus. Da ist die Vesperdose und die Saftflasche, doch wo ist das Deutschheft? Sophie spürt Panik in sich aufsteigen. Mindestens drei Mal hat sie ihren Ranzen kontrolliert. Dann erinnert sie sich: Am Freitagnachmittag hat sie einen Aufsatz zu Ende geschrieben. Nachdem sie fertig war, hat sie ihn gleich in den Ranzen gesteckt. Mama wollte ihn lesen, sie holte ihn wieder raus, legte ihn ihr auf den Wohnzimmertisch – und dort liegt das Heft wahrscheinlich noch immer!

Tränen steigen Sophie in die Augen. Was Herr Winkler wohl dazu sagt? Der dunkle Klumpen ist wieder da. Vielleicht fällt es ja Herrn Winkler nicht auf, dass sie ihr Heft nicht dabeihat?

In der ersten Stunde liest Thomas seinen Aufsatz vor: Er erzählt, wie er seinen Hund gesund gepflegt hat, der von einem Auto angefahren wurde. Als Thomas fertig ist, meldet sich wieder der Klumpen in Sophies Bauch, diesmal noch heftiger. Sie glaubt, es nicht mehr auszuhalten: »Ich habe Bauchschmerzen. Darf ich mich ins Krankenzimmer legen?«

Herr Winkler schaut sie mit hochgezogenen Augenbrauen prüfend an. Wenn er Sophie so ansieht, würde sie sich am liebsten in ein Mauseloch verkriechen. »Du bist ganz blass. Schaffst du es alleine oder soll ich jemanden mit dir schicken?«

»Ja, ich!« Eleni bietet sich als Begleiterin an.

»Danke, ich komme schon alleine zurecht.« Doch Eleni besteht darauf, mit ihr zu gehen.

Das Krankenzimmer liegt direkt neben dem Rektorat. Frau Gerlach, die Sekretärin, begrüßt die beiden Mädchen. »Na, Sophie, wieder Bauchschmerzen? Hast du deinen Eltern gesagt, dass sie mal mit dir zum Arzt gehen? In letzter Zeit bist du ein häufiger Gast bei mir!« Sophie murmelt was Unverständliches und ist froh, dass Frau Gerlach nicht weiter nachhakt.

Als Sophie und Eleni in der Pause wieder zur Klasse zurückkehren, ist kein Lehrer im Klassenzimmer.

»Herr Winkler hat alle Aufsatzhefte eingesammelt, ihr sollt ihm eure ins Lehrerzimmer bringen.«

Sophie lässt den Kopf hängen. »Was ist los, Sophie?«

»Ich habe mein Heft nicht dabei«, entgegnet sie.

»Das ist doch nicht so tragisch, ist mir auch schon passiert. Dann bringst du es eben morgen. Herr Winkler wird dich schon nicht fressen.« Sophie findet das gar nicht witzig. Schweren Herzens geht sie mit Eleni zum Lehrerzimmer. Eleni drückt Herrn Winkler ihr Heft in die Hand, und als Sophie mit ihrer Erklärung, warum sie ihr Heft nicht dabei hat, ansetzen will, zieht er seine Augenbrauen hoch und winkt ungeduldig ab. »Schon gut, bring es morgen mit, ich verlass mich drauf.«

»Na, was hab ich gesagt?« Eleni knufft Sophie mit dem Ellenbogen in die Seite. »Jetzt mach nicht so ein Gesicht. Ist doch alles gut gegangen.« Sophie ist erleichtert. Der Rest des Vormittags vergeht ohne besondere Vorkommnisse, und als sie sich mit Eleni auf den Heimweg macht, spürt sie nichts mehr von dem Klumpen in ihrem Bauch.

Unangenehmes klären

Das hast du bestimmt schon erlebt: Eine bestimmte Sache, ein anstehendes Gespräch steht wie ein Berg vor dir. Meistens kostet es viel mehr Kraft und Energie sich zu drücken, als die unangenehme Angelegenheit so schnell es geht zu klären – vor allem, weil sich häufig herausstellt, dass es viel leichter geht als befürchtet.

Abends gibt es Sophies Lieblingsgericht – Apfelküchlein mit Vanillesoße. Nachdem der Tisch abgeräumt ist, wollen Sophie und Laura in ihre Zimmer gehen, aber die Eltern setzen sich nochmals hin. Das ist ungewöhnlich. »Sophie, bleib doch noch einen Moment bei uns sitzen, Mama und ich wollen mit dir reden.«

Sophie setzt sich wieder auf ihren Platz und lässt die Schultern hängen. Einen Moment lang sagt niemand was. »Schon seit Wochen lässt du dein Frühstück stehen und gehst mit leerem Magen in die Schule – den Schluck Tee, den du zu dir nimmst, zähle ich nicht. Abends kannst du nicht einschlafen. Frau Gerlach hat heute Nachmittag angerufen und gesagt, dass du heute, nicht zum ersten Mal, im Krankenzimmer warst.«

Mama unterbricht: »Beim Kinderarzt waren wir erst vor Kurzem. Er hat gesagt, dass du eigentlich gesund bist, vielleicht ein bisschen mehr an die frische Luft solltest. Eine körperliche Ursache für deine Bauchschmerzen konnte er nicht finden!«

»Was quält dich?«, fragt Papa. Sophie zuckt mit den Schultern und schaut vor sich hin. Das Muster auf der Tischdecke verschwimmt, als sich ihre Augen mit Tränen füllen. Sie hasst es zu weinen und spürt, dass sie kurz davor steht. »Lass mich raten – ist es was oder jemand auf dem Schulweg? Ärgert dich jemand oder hast du Angst?« Sophie schüttelt den Kopf. Sie versucht vergeblich, ihren Kloß im Hals hinunterzuschlucken und würde sich am liebsten in ihr Bett verkriechen.

»Mach es uns nicht so schwer! Ich habe keine Lust, dir die Würmer aus der Nase ziehen!« Mama wird ungeduldig. »Wir wollen dir doch nur helfen!« Wieder zuckt Sophie mit den Schultern. Dass sie selbst nicht beschreiben kann, was sie bedrückt, macht es für sie noch schwerer.

Am Tisch macht sich Ratlosigkeit breit und Sophie versinkt in Gedanken: ›Was ist bloß mit mir verkehrt? Bin ich noch normal?‹, fragt sie sich. ›Ich habe keine Probleme und bei Frau Koch bin ich gerne in die Schule gegangen. Die war richtig nett, aber Herr Winkler zieht immer die Augenbrauen hoch und schaut dabei streng. Ich glaube, er kann mich nicht leiden – jedenfalls mag ich ihn nicht!‹

Foto: Francis Koenig

Otfried Preußler

Der Räuber Hotzenplotz

128 Seiten mit Illustrationen
von F.J. Tripp · Gebunden
Euro-D 11,90/Euro-A 12,30/CHF 22,50
ISBN 978 3 522 10590 3

Der Räuber Hotzenplotz stiehlt, bew net mit seiner Pfefferpistole, die sing de Kaffeemühle der Großmutter. Z Glück gibt es aber noch Kasperl, Se und Wachtmeister Dimpflmoser, die Ordnung wiederherstellen. Der Kind buch-Klassiker von Otfried Preußler!

Sebastian Lybeck

Latte Igel und der Schwarze Schatten

176 Seiten mit farbigen Illustrationen
von Daniel Napp · Gebunden
Euro-D 14,90/Euro-A 15,40/CHF 27,50
ISBN 978 3 522 18052 8

Latte Igel ist entführt worden! De Schwarze Schatten hat ihn in sein Reic gezaubert. Latte Igel hat nur eine Chance um wieder in seinen geliebten Wald zu rückzukommen. Doch dazu braucht e den magischen Handschuh. Und der be findet sich im Besitz des Schwarze Schattens ...

Mit Erwartungen leben

Was unsere Eltern und Freunde von uns halten, was sie uns zutrauen und was nicht, wirkt sich darauf aus, wie wir uns selbst sehen – und umgekehrt. Unsere Umgebung macht sich ein Bild von uns: »Das ist so-und-so-eine(r).« Außerdem gibt es Erwartungen, die wir an uns selbst haben – was wir glauben, welches unsere Stärken, Schwächen, Besonderheiten sind. Manchmal haben wir das Gefühl, nicht oder nicht richtig von unserer Umgebung gesehen zu werden, wir fühlen uns unverstanden.

Welche Erwartungen hast du an dich? Und welche haben deine Eltern, Freundinnen und Freunde, Lehrerinnen und Lehrer an dich?

»... mal mit der Schule reden.« Sophie schnappt das Ende von Papas Satz auf. Damit ist das Gespräch, von dem sie nur wenig mitbekommen und kaum ein Wort gesagt hat, beendet. Sophie verschwindet so schnell es geht in ihr Zimmer.

Am übernächsten Tag verteilt Herr Winkler die korrigierten Aufsätze. Noten gibt es keine dafür, aber er liest einzelne Abschnitte vor, die er für besonders gelungen hält. Sophies Arbeit ist nicht darunter. Sie hat sich so viel Mühe gegeben und fragt sich, was sie dieses Mal falsch gemacht hat. In ihrem Heft steht nur ein kurzer Kommentar in Herrn Winklers unleserlicher Handschrift. Sophie ist enttäuscht, beschließt aber, sich nichts anmerken zu lassen. Sie meldet sich häufig im folgenden Unterricht und hat das Gefühl, dass Herr Winkler sie nur selten drannimmt. Ob er doch was gegen sie hat? Wieder spürt sie, wie sich ihr Bauch zusammenzieht.

Am nächsten Morgen werden Sophies Bauchschmerzen auf dem Schulweg so stark, dass sie glaubt, sich kurz vor der Schule übergeben zu müssen. Sie dreht vor dem Eingang um und geht wieder nach Hause. Was soll sie bloß Mama sagen? Je näher sie ihrem Zuhause kommt, desto langsamer werden ihre Schritte.

Sie hat sich bereits entschieden, doch wieder zur Schule zurückzugehen, als Mama sie entdeckt, die gerade dabei ist, das Haus zu verlassen: »Ja Sophie, was machst du denn hier?«

Einen kurzen Moment denkt Sophie an eine Notlüge – irgendetwas, das sie vergessen haben könnte und heute unbedingt braucht. Doch der Moment geht vorbei und dann ist es zu spät. »Mir ist schlecht, lass mich bitte heute zu Hause bleiben.«

Mama schaut sie merkwürdig an, sie lässt sich nicht so leicht was vormachen. »Also gut, komm rein. Ich mache dir einen Kamillentee.« Der Gedanke daran lässt Sophie schaudern, doch nun kann sie nicht mehr zurück. Mama hat feste Vorstellungen davon, was hilft, wenn man krank ist. Wenn sich jemand in der Familie den Magen verdorben hat, wird das mit Kamillentee und

Wärmflasche kuriert. Sophie findet Kamillentee so fürchterlich, dass sie meistens ganz schnell wieder gesund wird.

»Leg dich schon mal ins Bett, ich bringe dir gleich den Tee und die Wärmflasche. Viel Zeit habe ich nicht, ich muss gleich los zur Arbeit. Kommst du alleine zurecht? Ich rufe dich zwischendurch an.«

Sophie ist ganz froh, dass Mama wegmuss. Sie hätte sonst genauer nachgefragt. »Ja, es geht schon.« Kaum hat sie den Tee auf den Nachttisch gestellt und die Wärmflasche unter Sophies Bettdecke geschoben, ist Mama auch schon aus dem Haus. Langsam beruhigt sich Sophie, den Tee schiebt sie weit von sich, allein der Geruch bereitet ihr Übelkeit.

Lernen, sich zu beruhigen

Jeder ist ab und zu »außer sich« und benötigt Zeit, wieder zu sich selbst zu finden. Manchmal braucht es dazu nur wenige Augenblicke, manchmal dauert es auch länger.

Was hilft dir, dich zu beruhigen? Was brauchst du, wenn du nicht gut drauf bist? Patentrezepte gibt es hier nicht, jeder findet mit der Zeit selbst heraus, was zu einem passt. Manchmal wird dir danach sein, jemand Vertrautes um dich zu haben, manchmal bist du vermutlich lieber allein.

Gestern Abend ist Sophie spät eingeschlafen und deshalb müde. Sie döst ein bisschen ein, gleitet in seltsame Träume, aus denen sie mehrmals hochschreckt. Immer wieder geht es darum, dass sie einen Berg hochsteigen soll und im Geröll zurückrutscht. Sie kommt einfach nicht voran. Oben steht Herr Winkler, die Hände in die Hüften gestemmt und schaut mit hochgezogenen Augenbrauen auf sie herunter. Er sagt irgendwas, aber Sophie kann ihn nicht verstehen. Dann läutet die Schulglocke, Herr Winkler zuckt mit seinen Schultern, dreht sich um und verschwindet hinter einer Kurve. Das Läuten hört nicht auf, Sophie fährt aus ihrem Traum hoch:

Das Telefon! Wahrscheinlich möchte Mama wissen, wie es ihr geht. Sie stolpert in den Flur. »Hallo!«

»Sophie, wo kommst du denn her! Ich habe es mindestens zehn Mal läuten lassen.«

»Mama, ich habe geschlafen!«

»Wie geht es dir? Soll ich freinehmen und nach Hause kommen?«

›Bloß nicht‹, denkt Sophie und sagt: »Danke, Mama, ist nicht nötig. Ich leg mich noch ein bisschen hin und heute Nachmittag rufe ich Eleni an. Die kann mir sagen, was heute in der Schule los war.« Sophie spürt Mamas Zögern. »In Ordnung. Dann bis später, gute Besserung.«

Sophie schlüpft wieder in ihr kuscheliges Bett und vertieft sich in das Buch, das sie gerade liest. Schnell vergisst sie alles um sich herum und taucht in eine Welt fantastischer Gestalten und aufregender Abenteuer ein.

Am frühen Nachmittag besucht Eleni Sophie. Munter plaudert sie drauflos und erzählt das Neueste: »Stell dir vor, Markus wurde in der Pause von einer Wespe in die Backe gestochen und lief den ganzen Vormittag mit einem Eisbeutel rum! Herr Winkler hatte zwei verschiedene Socken an und kam nicht drauf, warum alle gekichert haben. Schließlich wurde es ihm zu bunt und die ganze Klasse musste ein langes Gedicht abschreiben.« Sophie und Eleni setzen sich an die Hausaufgaben, und als Eleni ihre Sachen zusammenpackt, hört Sophie auch schon Mamas Wohnungsschlüssel in der Tür.

Frau Wagner räumt ihren Einkauf in den Kühlschrank.

»Ich habe heute Nachmittag mit Herrn Winkler telefoniert und ausgemacht, dass wir beide übermorgen zu ihm in die Sprechstunde kommen. Er schien etwas überrascht über meinen Anruf und betonte, es gäbe keine Probleme bei ihm. Als ich ihm von deinen Bauchschmerzen erzählte, meinte er nur, du kämst ihm ein bisschen still und blass vor.«

Gespräche mit Erwachsenen

Wie ist das für dich, wenn Erwachsene in deinem Beisein mit dir über dich sprechen? Vielen Kindern ist das zunächst unangenehm und sie würden sich am liebsten in ein Mauseloch verkriechen. Wenn Eltern oder Lehrer merken, dass es einem Kind schlecht geht, es bedrückt wirkt, reden sie miteinander und überlegen, wie sie helfen könnten. Wenn du bei einem solchen Gespräch dabei bist, hat das den Vorteil, dass du selbst sagen kannst, was dir wichtig ist. Nutze diese Gelegenheit, auch wenn es dich Überwindung kostet!

Sophie ist es peinlich, dass Mama mit Herrn Winkler gesprochen hat. »Musste das sein? Das geht den doch nichts an! Und muss ich da wirklich mitkommen? Was soll ich denn sagen?«

»Herr Winkler war ganz nett am Telefon. Du hast

dich doch beschwert, dass er dich nie drannimmt, wenn du dich meldest. Das zum Beispiel kannst du ansprechen.«

Sophie ist sich sicher, dass sie übermorgen wieder Bauchschmerzen haben wird.

Am nächsten Morgen geht Sophie wieder zur Schule. Sie fühlt sich von Herrn Winkler beobachtet, das ist ihr unangenehm. Er nimmt sie sogar ein paar Mal dran und lobt ihre Antwort. Sophie weiß nicht, was sie davon halten soll.

Das Gespräch mit Herrn Winkler verläuft anders, als es Sophie erwartet hat. Zunächst erkundigt er sich ausführlich nach ihren Lieblingsbüchern. Sophie ist überrascht, wie gut er sich auskennt – er scheint alle Bücher ebenfalls gelesen zu haben. Nur ein Mal, als Sophie sagt, dass sie nie drankommt, zieht er auf seine ganz besondere Weise die Augenbrauen hoch. Sofort spürt Sophie wieder den Klumpen in ihrem Bauch. »Sophie, heute habe ich dich mehrmals drangenommen. Du bist nicht die Einzige, es gibt noch 25 andere Kinder in der Klasse, die ebenfalls was sagen möchten. Es wäre ungerecht, wenn ich immer nur dich aufrufen würde.« Sophie senkt den Kopf. Sie ärgert sich, denn natürlich weiß sie, dass Herr Winkler allen gerecht werden muss. Außerdem könnte sie schwören, dass er sie erst nach dem Telefonat mit Mama drangenommen hat. Aber ihm das ins Gesicht sagen? Das traut sich Sophie nun doch nicht.

»Deine Mutter hat am Telefon erwähnt, dass du oft Bauchschmerzen hast. Hängt das mit der Schule zusammen? Ich kann es mir gar nicht vorstellen, du bist eine gute Schülerin, Sophie, und brauchst dir keine Sorgen zu machen.«

Sophies Mund wird ganz trocken. Soll sie ihm die Wahrheit sagen? Dass sie glaubt, er mag sie nicht, besonders wenn er so die Augenbrauen hochzieht? Und dass sie dann Angst bekommt und sich ihr Bauch zusammenknotet? Dann holt sie tief Luft, fasst sich ein Herz und schaut Herrn Winkler in die Augen: »Ich glaube, Sie haben was gegen mich.« Jetzt ist es heraus.

Einen Augenblick lang sagt niemand was. Dann fragt Herr Winkler verwundert nach: »Wieso sollte ich dich nicht mögen?«

»Es ist nur, wenn ich was sage, schauen Sie mich immer so komisch an. So streng irgendwie. Das machen Sie sonst bei niemandem! Und dann kommen die Bauchschmerzen!« Sophie staunt selbst über ihren Mut und stellt verblüfft fest, dass sich ihr Bauch dabei sogar gut anfühlt.

»Nun, Sophie, ich kann dir nur nochmals sagen, dass ich dich sehr schätze und mich über deine Leistungen freue. Natürlich erwarte ich auch einiges von dir, weil ich weiß, dass du es kannst. Lass es uns doch nochmals zusammen versuchen. Ich werde darauf achten, dass ich dich drannehme, wenn du dich meldest – natürlich, die anderen sind auch noch da.«

Wenn du mit einem Lehrer nicht zurechtkommst

Sicher gibt es Lehrer, die du magst, andere, die dir egal sind, und solche, die du blöd findest. Das ist ganz normal und geht jedem Kind so. Wenn du allerdings den Eindruck hast, dass ein Lehrer dich ungerecht behandelt, es auf dich abgesehen hat und du dich bei ihm schlecht fühlst oder sogar vor ihm Angst hast, solltest du so schnell wie möglich mit deinen Eltern oder einem anderen Lehrer deines Vertrauens sprechen. In den meisten Fällen lässt sich eine Lösung finden!

Eleni ist neugierig. »Über was habt ihr gestern gesprochen, deine Mutter, Herr Winkler und du?«

»Wir haben uns über Bücher unterhalten!«

»Das war alles?«, fragt Eleni ungläubig.

»Ich habe ihm gesagt, dass ich Bauchschmerzen bekomme, wenn er so streng guckt!«

»Das hast du dich getraut! Und was hat er darauf gesagt?«, fragt Eleni sichtlich beeindruckt.

»Dass er nichts gegen mich hat. Es war eigentlich ganz in Ordnung.«

Eleni verzieht das Gesicht. »Herr Winkler ist vielleicht ein guter Lehrer, aber Frau Koch war netter.« Die beiden Freundinnen sind sich einig.

Mit der Zeit gewöhnt sich Sophie an Herrn Winklers hochgezogene Augenbrauen. Sie stellt fest, dass er alle Kinder so anschaut. Es ist wohl eine Angewohnheit von ihm, die nicht viel zu bedeuten hat. Wenn er mit verschiedenen Socken in die Schule kommt, was ungefähr alle drei Monate vorkommt, amüsiert sie sich wie alle anderen auch.

Die Bauchschmerzen verschwinden nicht von heute auf morgen, es gibt »Rückfälle«: Am Sonntagabend und am Ende der Ferien sind sie häufig stärker als sonst. Sie findet heraus, dass sich der Klumpen in ihrem Bauch nicht immer gleich dunkel anfühlt und teilt ihn in verschiedene Farben ein. Manchmal ist es nur ein leichtes

Ziehen, das von selbst verschwindet: Dazu passt gelb-orange, findet Sophie. Wenn sich ein Klumpen zusammenzieht, wird die Farbe dunkler: von ocker, braun zu dunkelbraun. Sobald die Farbe zu braun wechselt, besucht sie das Krankenzimmer. Sie lernt, sich zu beruhigen und zu entspannen, indem sie beobachtet, wie die Farbe wieder zurück nach orange, hellorange, gelb wechselt und der Klumpen sich dabei auflöst. Richtig Übung bekommt sie darin, manchmal ist es wie ein Spiel.

Innere Bilder und Vorstellungen

Wenn uns eine Körperempfindung oder ein Gefühl beschäftigt, versuchen wir häufig eine Vorstellung, ein Bild, eine Beschreibung dafür zu finden. Wenn du eine lange Wanderung hinter dir hast und müde bist, sagst du vielleicht »meine Beine fühlen sich an wie Blei«. Solche »inneren Bilder« helfen, uns besser zu verstehen, uns von unseren Empfindungen nicht überwältigen zu lassen, sondern sie zu bewältigen. Welche inneren Bilder hast du selbst schon für dich gefunden?

Einige Wochen später verkauft Sophies Klasse Kuchen, um das Schullandheim zu finanzieren. »Herr Winkler, dürfen Eleni und ich zehn Minuten vor der großen

Pause gehen, um unseren Stand herzurichten?«, fragt Sophie ihren Deutschlehrer.

Herr Winkler zieht seine Augenbrauen hoch und schaut sie durchdringend an. Sophie hält seinem Blick stand. »Na gut, geht einfach still und leise und denkt dran, euch die Hausaufgaben von jemandem geben zu lassen.«

Sophie wirft Eleni einen triumphierenden Blick zu, die ihr unmerklich anerkennend zunickt.

IDEEN UND ANREGUNGEN, WENN ES DIR SCHWERFÄLLT, ZUR SCHULE ZU GEHEN

☑ Finde heraus, was dahintersteckt. Suche dir jemand, mit dem du darüber sprechen kannst – alleine ist das nämlich fast unmöglich!

☑ Äußere Umstände, die es dir schwer machen, zur Schule zu gehen, könnten zum Beispiel sein:
- Jemand ärgert, quält dich auf dem Schulweg oder in der Pause.
- Du hast Angst, den Busanschluss zu verpassen.
- die Bahn ist schrecklich voll und du befürchtest, an der Haltestelle nicht rechtzeitig rauszukommen.
- Du hast Angst vor einem Schüler, einer Schülerin in deiner Klasse oder in der Schule oder vor einem bestimmten Lehrer, einer Lehrerin.

Sprich mit deinen Eltern oder einem Lehrer, wenn so etwas oder etwas Ähnliches bei dir der Fall ist! Mithilfe von Erwachsenen lässt sich sicher eine Lösung finden, die dir deine Angst nimmt. Zuhause zu bleiben ist keine Lösung!

☑ Lerne, dich zu beruhigen – finde heraus, was dir hilft, wer dich unterstützen kann und wen du nicht um dich brauchen kannst, wenn du nicht gut drauf bist! Mache um solche Personen am besten einen großen Bogen!

☑ Trau dich und hab Geduld mit dir, wenn es nicht auf Anhieb klappt, was du dir vorgenommen hast. Manchmal folgen einer Reihe von »guten Tagen« auch wieder schlechte. Du wirst feststellen, dass mit der Zeit die schlechten Tage seltener und »weniger schlecht« werden!

Genügend Zeit haben!

PAUL KOMMT NICHT MEHR ZUM SPIELEN

Paul sitzt an seinem Schreibtisch, kaut an seinem Füller und starrt vor sich hin. Vor ihm liegt die Diktatverbesserung, die er morgen abgeben muss. Er kommt nicht richtig voran. Immer wieder schweifen seine Gedanken ab. Sehnsüchtig wandert sein Blick in die Ecke seines Zimmers, wo seine Zinnfiguren stehen. Er hat schon eine ganze Sammlung und die neuesten Figuren warten darauf, bemalt zu werden. Jetzt schaut er aus dem Fenster. Viel lieber wäre er draußen mit dem Fahrrad unterwegs. Er steht auf, geht in die Küche, holt sich ein Glas Saft. »Paul, wie weit bist du mit den Hausaufgaben?« Seine Mutter steht in der Tür.

Paul senkt den Kopf. »Ich muss noch mein Diktat verbessern.«

»Aber da sitzt du doch schon eine ganze Stunde dran, das kann doch nicht sein! Lass mal sehen.« Frau Fischer begleitet ihren Sohn ins Kinderzimmer und setzt sich neben ihn. Mit der Unterstützung seiner Mutter wird Paul schnell fertig. Erleichtert steht er auf. Jetzt aber nichts wie raus!

»Um halb sieben gibt's Abendessen, schau, dass du pünktlich zurück bist!«

Paul verbringt einen wunderbaren Nachmittag mit seinem Freund Felix. Die beiden fahren mit dem Rad zu einem wenige Kilometer entfernten Bach, bauen einen

Damm und lassen Felix' neues Modellboot zu Wasser. Mit roten Backen und nassen Schuhen taucht Paul kurz nach halb sieben wieder zu Hause auf.

Am nächsten Tag sucht Paul gleich in der ersten Stunde seine Buntstifte, mit denen er eine Zeichnung fertigstellen soll. Er kann sich beim besten Willen nicht vorstellen, wo die sein könnten. Wann hat er sie zum letzten Mal benutzt? Sie waren noch ganz neu. »Kannst du mir deine Stifte leihen?«

»Klar, doch!« Lukas, Pauls Nebensitzer, schiebt ihm sein Mäppchen rüber. Lukas hat seine Sachen immer dabei. Wie schafft er das bloß? Paul ist das rätselhaft.

Wer Ordnung hält, ist nur zu faul zu suchen!
Auf den ersten Blick scheint es leichter zu sein, alles liegen zu lassen oder da hineinzustopfen, wo gerade Platz ist, und nicht richtig aufzuräumen. Wenn du jedoch den Überblick verlierst und deine Sachen nicht mehr findest, verschwendest du zu viel Zeit mit Suchen. Am besten ist es, du gewöhnst dir so viel Ordnung an, dass du klarkommst. Ordnung ist nämlich dazu da, dir das Leben leichter zu machen!
Wie schätzt du dich selbst ein: eher ordentlich oder eher unordentlich? Und woran machst du das fest? Bist du zufrieden, so wie es ist?

Nach dem Mittagessen besteht Frau Fischer darauf, dass Paul zuerst seine Hausaufgaben macht, bevor er raus darf. Doch was war heute nur auf? Paul sucht vergeblich sein Hausaufgabenheft. Dafür findet er seine Stifte: Sie liegen in seinem Zinnfiguren-Katalog. Jetzt fällt ihm wieder ein, dass er ihn schnell beiseitegelegt hat, als seine Mutter unerwartet ins Zimmer kam. Die Stifte müssen bei dieser Gelegenheit mit reingerutscht sein!

»Darf ich Lukas anrufen? Ich hab vergessen, was wir heute aufhaben!«

»Was ist mit deinem Hausaufgabenheft?«

»Das ist weg!«

»Das darf nicht wahr sein, wir haben doch erst vor zwei Wochen ein Neues gekauft!«, seufzt Frau Fischer. »Lass mal sehen!«

Schule und Freizeit unter einen Hut bringen

Unter der Woche nimmt die Schule einen großen Teil deiner Zeit in Anspruch. Dennoch ist Schule nicht das ganze Leben! Die meisten Kinder haben noch andere Interessen wie Sport, Musik oder ein Hobby. Am besten ist es, wenn du herausfindest, was dir wirklich wichtig ist, und du dir nicht zu viel vornimmst: Du brauchst noch genügend unverplante Zeit, in der du das tun kannst, wozu du gerade im Moment Lust hast!

Paul weiß, was jetzt kommt. Die Mutter leert seinen Ranzen vollständig aus und sortiert mit ihm den Inhalt. Verschiedene Arbeitsblätter, die Paul schon vermisst hat, tauchen mehr oder weniger zerknittert auf. Frau Fischer streicht sie glatt und fordert Paul auf, sie in das jeweilige Heft einzukleben. Glücklicherweise findet sich bei der Aktion der Kleber, den Paul schon seit einer Woche gesucht hat. In einem Schulbuch steckt das Hausaufgabenheft, und nachdem er seinen Ranzen wieder eingerämt hat, macht sich Paul an die Arbeit.

Leider kommt Paul durch die Aufräumaktion erst am späten Nachmittag los. Er schafft es gerade noch rechtzeitig ins Fußballtraining, die Zinnfiguren müssen auch heute warten. Paul hat das Gefühl, dass sich alles nur noch um die Schule dreht.

»Heute haben wir keine Hausaufgaben!« Paul will schnell an seiner Mutter vorbei, doch Frau Fischer glaubt ihrem Sohn kein Wort. »Ich habe es satt, jeden Nachmittag das gleiche Theater! Dazu die ständige Unordnung in deinem Ranzen! Das ist doch nicht zu viel verlangt! Wenn das nicht besser wird, müssen wir das Fußballtraining kürzen!« Der letzte Satz versetzt Paul einen Schock. Die beiden Trainingstermine in der Woche bedeuten ihm viel und in zwei Wochen ist das Schulturnier! Wenn er nur noch einmal oder gar überhaupt nicht mehr trainieren darf, fliegt er raus, das hat der Trainer bereits durchblicken lassen. Und was wird dann aus der Mannschaft? Jetzt, wo sie gerade ein richtiges Team geworden sind?

Eltern nerven

Nicht immer sind Eltern und Kinder einer Meinung, wenn es um die Hausaufgaben geht. So kann es sein, dass deine Eltern den Eindruck haben, dass du dich zu wenig um die Schule bemühst und du der Meinung bist, dass sie sich in Bereiche einmischen, die sie nichts angehen. Dann gibt es Streit, Geschrei und Auseinandersetzungen. Das ist normal und geschieht von Zeit zu Zeit in jeder Familie.
Sobald alle wieder abgekühlt sind, kannst du mit deinen Eltern über sinnvolle Regeln verhandeln.

Mutlos schaut Paul auf seinen Schreibtisch. Der ganze Schulkram kommt ihm vor wie ein unüberwindlicher Berg. Kaum wendet er den Blick von seinem Ranzen ab, gerät alles durcheinander, Arbeitsblätter zerknittern, Stifte, Schere, Kleber gehen verloren. Paul weiß nicht, wo er anfangen soll. Obwohl er viel Zeit an seinem Schreibtisch verbringt, kommt wenig dabei heraus. Wie Lukas das bloß hinbekommt? Ob er ihn mal fragen soll?

Am Abend bekommt Paul mit, dass seine Mutter mit Frau Vogel, Lukas' Mutter, telefoniert. Frau Fischer klagt ihr Leid – jeden Nachmittag der gleiche Kampf um Schule und Hausaufgaben. Wie peinlich ihm das ist!

»Ich habe mit Lukas' Mutter gesprochen. Wie wäre es, wenn du gleich morgen mit ihm zusammen Hausaufgaben machen würdest?«

Paul stinkt es gewaltig, dass Lukas ihm als großes Vorbild hingestellt wird, und befürchtet, dass noch mehr Arbeit auf ihn zukommt. Doch die Mutter lässt ihm keine Wahl.

Frau Vogel hat einen Stapel Pfannkuchen gebacken, dazu gibt es Apfelkompott. Die beiden hungrigen Jungs machen sich darüber her und Paul wischt die Schüssel mit Apfelkompott mit dem letzten Stückchen Pfannkuchen aus. Dann versorgt Lukas seine Fische. Viel ist heute nicht zu tun. Lukas zeigt Paul die Garnelen, die er gestern eingesetzt hat. Sie scheinen sich bereits an ihre neue Umgebung gewöhnt zu haben.

Lukas' Mutter kommt ins Zimmer. »An die Arbeit! Ihr wollt doch nicht den ganzen Nachmittag in der Wohnung hocken!«

Die beiden folgen Frau Vogel in die Küche. Paul setzt sich an den Küchentisch und lässt die Schultern hängen. Sehnsüchtig wandert sein Blick zum Fenster. Der Himmel ist wolkenverhangen, es sieht nach Regen aus. Trotzdem wäre er jetzt viel lieber draußen!

Lukas holt seinen Schulranzen und packt seine Sachen aus: Zunächst schlägt er sein Hausaufgabenheft auf und schaut nach, was für morgen zu erledigen ist. Zur Sicherheit überprüft er den Stundenplan von heute und morgen: Hat er an alles gedacht?

Paul fällt ein, dass sie in Religion ein Arbeitsblatt bekommen haben, mit dem sie nicht fertig geworden sind und das er noch einkleben muss. Sofort will er damit loslegen, doch Frau Vogel stoppt die beiden Jungs: »Verschafft euch erst einen Überblick und dann überlegt euch eine sinnvolle Reihenfolge.«

Das ist neu für Paul! Die beiden entschließen sich, mit den Rechenaufgaben zu beginnen und schätzen, dass sie dafür höchstens 20 Minuten brauchen werden. Dann werden sie sich die Grammatik-Übungen für Deutsch vornehmen, 10 Minuten. Anschließend wird das Arbeitsblatt vom Religionsunterricht erledigt, weitere 10 Minuten, und für den Schluss nehmen sie sich 10 Minuten für Englisch-Vokabeln vor.

»Insgesamt solltet ihr mit weniger als einer Stunde

klarkommen«, meint Frau Vogel. »Die Reihenfolge habt ihr gut gewählt: Ihr habt euch mit den Rechenaufgaben gleich zu Beginn den größten Brocken vorgenommen. Wichtig ist, dass ihr zwischen Deutsch und Englisch was anderes dazwischengeschoben habt. Damit speichert euer Gehirn die beiden Sprachen ordentlich getrennt ab und mischt sie nicht durcheinander. Jetzt bin ich gespannt, wie ihr mit der Zeit zurechtkommt!«

Sich einen Plan machen – »gehirngerecht« arbeiten

Wenn du mehrere Dinge zu erledigen hast, kommst du nicht darum herum, dir einen Plan zu machen. Gehirngerecht arbeiten heißt hier, Reihenfolge und Zeiten so abzustimmen, dass das Gelernte gut im Gedächtnis bleibt. Außerdem hast du den großen Vorteil, dass du in etwa abschätzen kannst, wann du fertig bist.

Wie arbeitet dein Gehirn am besten? Fängst du eher mit einem »großen Brocken« an, um den erledigt zu haben – oder eher mit etwas »Mittelschwerem«, um »warmzulaufen«?

Die beiden legen los. Da Lukas neben ihm sitzt, kommt Paul überhaupt nicht dazu, aus dem Fenster zu schauen. Alles geht schneller als geplant, in einer Dreiviertelstunde ist alles erledigt. Paul stopft erleichtert seine Sachen in den Ranzen.

Frau Vogel hat mitbekommen, dass die beiden fertig sind. »Herzlichen Glückwunsch, da habt ihr ja zügig gearbeitet! Jetzt kommt noch der letzte Schritt: Ranzen für morgen packen!«

Paul schaut zu, wie Lukas vorgeht. Er überprüft, ob alle Hefte, Bücher, Material wie Stifte, Kleber, Schere für den morgigen Schultag im Ranzen sind. ›Das muss ich noch erledigen, wenn ich wieder zu Hause bin‹, denkt Paul. ›Wie kann ich mir das nur merken?‹

Wie wenn sie seine Gedanken lesen könnte, kommt Frau Vogel darauf zu sprechen. »Am besten ist es, wenn die ›Ranzenkontrolle‹ zu einer festen Gewohnheit wird, wie das Zähneputzen vor dem Schlafengehen.« Paul wird rot. Zähneputzen ist ein heikles Thema – beim letzten Zahnarztbesuch hat ihm die Sprechstundenhilfe ins Gewissen geredet und ihm zum wiederholten Mal gezeigt, wie er richtig seine Zähne putzt. Paul weiß, was er zu tun hat – was ihm noch fehlt, sind Übung und Gewohnheit. Warum nicht beides miteinander verbinden? Er entscheidet sich, vor dem Schlafengehen mit der

Übung macht den Meister

Ob beim Sport oder beim Erlernen eines Musikinstruments: Wenn wir etwas Neues lernen, tun wir uns meistens schwer und müssen uns anstrengen. Mit der Zeit gelingt es besser und irgendwann geht alles wie von selbst. Erinnerst du dich noch daran, wie du Rad fahren oder schwimmen gelernt hast? Du hast nicht aufgegeben, bis es geklappt hat!

Beim Ordnunghalten ist es ganz genau so. Am Anfang fällt es dir vielleicht schwer, dann gewöhnst du dich daran und plötzlich funktioniert es ganz von alleine.

Ranzenkontrolle zu beginnen und gleich danach die Zähne zu putzen.

Da Paul und Lukas schnell fertig geworden sind, haben sie fast noch den ganzen Nachmittag vor sich. Paul würde gern Lukas' Dampfmaschine in Betrieb setzen. Sie stammt noch von seinem Großvater und lässt sich nur mit viel Fingerspitzengefühl bedienen. Nachdem das Feuer brennt, Temperatur und Kesseldruck stimmen, setzt sie sich dampfend und zischend in Bewegung. Mit glänzenden Augen schließen sie das Sägewerk und den Dynamo an und freuen sich, dass die Maschine auch mit voll eingeschalteter Beleuchtung weiterrattert.

Als Paul nach Hause kommt, will Frau Fischer genau wissen, wie es gelaufen ist. »Na ja, das Gleiche habe ich dir eigentlich auch gesagt, aber es hat nichts genutzt«, sagt sie seufzend.

»Du nervst immer bloß rum, lass mich doch einfach mal selbst machen.«

Pauls Mutter schaut ihren Sohn zweifelnd an: »Wenn ich gar nichts sage, sitzt du an deinem Schreibtisch, schaust aus dem Fenster und nichts passiert.«

Insgeheim gibt Paul seiner Mutter recht. »Vielleicht kann ich die Schulaufgaben eine Zeit lang am Küchentisch machen? Da steht nichts rum, was mich ablenkt. Und du fragst mich nur, ob ich meinen Ranzen gepackt habe. Lass es uns doch mal eine Woche so probieren, dann sehen wir, ob das klappt oder nicht!«

Erfahrungen sammeln und auswerten

Wenn du dir etwas Neues vornimmst, ist es am besten, dies einen begrenzten Zeitraum, zum Beispiel eine Woche lang, umzusetzen und Erfahrungen damit zu sammeln. Dann wertest du deine Erfahrungen aus: Was hat geklappt, was nicht, was müsste für die Zukunft geändert werden.

Am besten sprichst du mit deinen Eltern darüber und ihr vereinbart einen Plan und Regeln, nach denen ihr verfahren wollt. Dann weiß jeder, was auf ihn zukommt und was er zu tun hat.

Eine Woche später sprechen Paul und seine Mutter miteinander. »Am Dienstag und Mittwoch bist du ständig in die Küche gekommen und hast mir über die Schulter geschaut, ob ich arbeite. Das war gegen unsere Abmachung!«

»Ich habe nur einmal was gesagt«, rechtfertigt sich Frau Fischer.

»Aber das war zu viel!«, entgegnet Paul und Frau Fischer stimmt ihm zu.

»Du bist am Mittwochabend ausgeflippt, als ich dich nach deinem Ranzen gefragt habe. Dabei hatte ich allen Grund, wie sich herausgestellt hat: Du hattest deine Diktat-Verbesserung noch nicht gemacht!«

»Abends hatte ich keine Lust mehr drauf.«

»Ausgemacht ist ausgemacht.«

Paul schluckt, ihm fällt nichts ein, was er darauf sagen könnte. Was bleibt ihm anderes übrig, als zuzustimmen, die Abmachung zu verlängern und nach zwei Wochen ihre Erfahrungen nochmals auszuwerten!

Ziemlich geladen geht er an diesem Nachmittag raus zum Kicken. Auf dem Pausenhof trifft er meistens ein paar andere Jungs in seinem Alter. Doch heute ist niemand da. Auch das noch. Wenigstens hat er seinen Ball mitgenommen. Er schießt ihn gegen eine fensterlose Wand. Oder fast fensterlose Wand: Auf knapp 2 Meter Höhe befindet sich ein schmaler Fensterstreifen, der die dahinterliegenden Toiletten mit Tageslicht versorgt. Paul zielt etwas höher, der Abstand zu dem Fensterband wird knapper. Jetzt hat er den Dreh raus: Anlauf, ein satter Schuss und der Ball landet wieder fast genau vor seinen Füßen. Auf den nächsten Schuss verwendet er besonders viel Sorgfalt: Der Anlauf stimmt, er trifft den Ball mit seinem Fuß genau an der richtigen Stelle – klirr! Der Knall des platzenden Glases ist heftig. Der Ball prallt zurück und rollt vor Pauls Füße. Dann ist es absolut still. Paul steht wie erstarrt. Der Schuss hat wirklich gesessen, doch was jetzt? Am liebsten würde er davonrennen. Das Schulhaus mit seinen vielen Fenstern scheint ihn vorwurfsvoll anzuschauen. Paul nimmt seinen Ball in die Hand, entfernt vorsichtig ein paar Glassplitter und tritt unschlüssig von einem Bein aufs andere. Niemand scheint ihn gesehen zu haben. Er klemmt den Ball auf

seinen Gepäckträger und fährt über mehrere Umwege nach Hause.

Als er dort nach über einer Stunde ankommt, wartet Frau Fischer schon: »Ich glaube, du hast mir was zu erzählen!« Herr Schreiner, der Hausmeister, der Paul als regelmäßigen Kicker kennt, hat ihn gesehen und seine Mutter angerufen. Die ist empört: »Eine Scheibe einzuschießen, kann jedem passieren. Was mich ärgert, ist, dass du einfach abgehauen bist!«

Paul senkt den Kopf. Er weiß, dass er im Unrecht ist. Dennoch gibt es in ihm eine Stimme, die bewundernd sagt: Ein toller Schuss. Das hat richtig gutgetan! Aber damit kann er seiner Mutter nicht kommen.

Ärger und Wut loswerden

Wie ist das bei dir, wenn du so richtig sauer bist? Wenn dir deine Eltern und Geschwister nur noch auf die Nerven gehen und du am liebsten drauflosschlagen würdest? Normalerweise kontrollieren wir uns so weit, dass wir weder uns noch anderen Schaden zufügen, aber es kommt vor, dass wir unsere Wut an jemandem oder an Sachen auslassen – manchmal auch unabsichtlich. Dann bleibt uns nichts anderes übrig, als die Folgen zu tragen: den Schaden wieder gutzumachen und uns zu entschuldigen.

Besser ist es, wenn wir unsere Wut so rauslassen, dass niemand davon betroffen oder geschädigt wird: Das kann richtig guttun und befreiend wirken!

Nicht nur dass Paul von seinem Sparbuch einen Teil der Reparatur zu bezahlen hat, er muss auch zwei Wochen lang Herrn Schreiner nach der Schule eine Stunde lang helfen – Zeit, die seinen Nachmittag zusätzlich verkürzt. Umso wichtiger wird es für ihn, alles, was mit Schule zu tun hat, schnell hinter sich zu bringen. Da Paul und Lukas regelmäßig ihre Schulaufgaben miteinander erledigen, manchmal bei Paul, manchmal bei Lukas, lässt ihn die Mutter weitgehend in Ruhe.

»Super!« Schwitzend und glücklich läuft Paul zu seiner Mutter. Beim Fußball-Schulturnier hat seine Mannschaft den Sieg der Altersgruppe errungen und das war zum großen Teil Pauls Verdienst. Die meisten Eltern waren da und haben die Mannschaft angefeuert – auch Pauls Mutter, obwohl sie nicht viel für Fußball übrig hat. »Da siehst du, wenn ich nicht trainiert hätte, wäre das

Spiel nicht so gut gelaufen!« Paul ist froh, dass ihm die Mutter das Fußballspielen nicht verboten hat. Er ist stolz, dass er jetzt trotz Schule noch genügend Zeit hat, die Dinge zu machen, die ihm wirklich wichtig sind.

WAS DIR HILFT, SCHULE UND FREIZEIT GUT UNTER EINEN HUT ZU BRINGEN

- ☑ Erstelle deinen ganz persönlichen Wochenplan! Dazu kannst du einen Schulstundenplan als Grundlage nehmen und die Nachmittagszeiten zusätzlich eintragen. Verwende verschiedene Farben für Unterricht, Zeit für Hausaufgaben, feste Termine wie Sportverein oder Musikunterricht. Achte darauf, dass genügend unverplante Zeit übrig bleibt!

- ☑ Erstelle eine Liste davon, was dir wirklich wichtig ist. Male dann einen großen Kreis auf ein Blatt Papier und zeichne die Punkte deiner Liste wie Tortenstücke unterschiedlicher Größe, je nach Wichtigkeit, ein. Gefällt dir, was du da siehst? Entspricht die Einteilung der Wirklichkeit? Nimm dir nicht zu viel vor!

- ☑ Plane gehirngerecht, wenn du deine Hausaufgaben in Angriff nimmst: Mit was fängst du an? Was kommt als Nächstes, was zum Schluss? Wenn du für Abwechslung sorgst, bleibt dein Gedächtnis frisch und aufnahmebereit. Denk daran, kleine Pausen einzubauen!

- ☑ Die Zeit, die du darauf verwendest, Ordnung zu halten, gewinnst du um ein Vielfaches zurück. Stell dir vor, was Ordnung für dich heißt: wie dein Schreibtisch und Schulranzen aussehen sollte, wenn er ordentlich aufgeräumt ist. Mach ein Foto von diesem Idealzustand, das dich daran erinnert, wie du es gerne hättest!

☑ Lass dir helfen, wenn du deine Ordnung verbessern willst. Das kann ein Klassenkamerad oder eine -kameradin sein, Lehrer, die eigenen Eltern oder Eltern von Freunden. Diese Helfer können dir Tipps geben, dich daran erinnern, was du dir vorgenommen hast, und dich loben, wenn du etwas erreicht hast. Solch ein Lob tut gut, macht stark und selbstbewusst – jeder braucht es, um voranzukommen!

☑ Sprich mit deinen Eltern in Ruhe, wenn ihr euch immer wieder darüber streitet, ob du genügend für die Schule tust. Du kannst z.B. zu deiner Mutter sagen: »Ich finde es doof, dass du immer wieder nachfragst, ob ich wirklich alles erledigt habe. Lass uns mal am Samstag in Ruhe darüber reden.« Findet Regeln, wann du wie lange normalerweise Hausaufgaben machst oder für die Schule lernst. Dann weiß jeder, was er zu tun hat.

Schule ist nicht immer kinderleicht

MAX LERNT, SICH DAS EINMALEINS ZU MERKEN

In der Klasse herrscht konzentrierte Stille. Max wirft einen kurzen Blick auf seinen Sitznachbarn Erkan. Der ist in seine Rechenaufgaben vertieft und scheint sich durch nichts aus der Bahn bringen zu lassen. Max ist das unbegreiflich. Die Ruhe in der Klasse macht ihn ganz kribbelig. Vor ihm liegen Einmaleins-Aufgaben, er muss das richtige Ergebnis aus einer Liste von Zahlen heraussuchen. Wenn er sieht, in welchem Tempo Erkan seine Ergebnisse hinschreibt, wird ihm ganz übel. Überhaupt, was schreibt der ständig? Muss der nicht auch mal nachdenken? Max ist froh, dass er bei seiner Aufgabe nichts zu schreiben hat: Er arbeitet mit einer Vorlage, bei der er Aufgabe und Lösung mit einem farbigen Plastikknopf verbinden muss. Doch wenn er sich vorstellt, wie Frau Pfister, seine Lehrerin, ihn abfragt, bricht ihm der Schweiß aus. Die Zahlen geraten durcheinander und Max fällt überhaupt nichts mehr ein. Er linst nochmals vorsichtig zu Erkan rüber und sieht, wie er an seinem Füller kaut. Das ist so eine Angewohnheit von Erkan, alle Stifte von ihm sind zerbissen. »Schmeckt's mal wieder?« Erkan schaut seinen Nachbarn verwirrt an und nimmt dann seinen Füller aus dem Mund. »Geht dich nichts an. Lass mich in Ruhe«, zischt er böse.

›Blödmann, versteht der keinen Spaß?‹, denkt sich Max, behält es aber für sich. Ohne groß zu überlegen, steht er auf. Er hält es nicht mehr auf seinem Stuhl aus. Langsam schlendert er Richtung Tür und wählt dabei einen Umweg über Karl. Der ist auch so ein Übereifriger. Als Max direkt hinter ihm steht, über Karls Schulter schaut und ihm ins Ohr bläst, zuckt der mit einem leisen Schrei zusammen.

Frau Pfister schaut zu den beiden herüber: »Was ist los? Wo willst du hin, Max?«

»Aufs Klo!« Einige Kinder lachen. Betont langsam setzt er seinen Weg fort, dreht an der Tür umständlich die Toilettenampel auf Rot und schließt die Tür mit einer eleganten Verbeugung.

Im Gang setzt er sich erst mal auf die Bank. Von dort hat er einen guten Blick durchs Fenster auf die gegenüberliegende Straßenseite. Er sieht, wie zwei Männer mit einer Säge Brennholz sägen. Das sieht interessant aus. Dass er auf die Toilette wollte, hat Max vergessen. Er steht wieder auf, geht zur Eingangstür und tritt auf den Gehweg. Von dort hat er alles im Blick: Er sieht, wie der Berg mit dem gesägten Holz langsam wächst. Die Männer wechseln sich an der Säge ab und werfen sich zwischendurch scherzhafte Bemerkungen zu. Max ist gefesselt und nimmt jede Kleinigkeit genau wahr: Er hört, wie sich das Singen des Sägeblatts verändert, wenn es sich durchs Holz frisst, sieht das Sägemehl, wie es sich locker auf die feinen Härchen der sehnigen Unterarme der Männer legt. Der Geruch des frisch gesägten Holzes mischt sich mit einem Hauch Maschinenöl, das von der Säge stammen muss. Max verliert jedes Zeitgefühl.

Die Männer haben längst mitbekommen, dass Max zuschaut. Schließlich spricht ihn einer der beiden an: »Na, Kleiner, was machst du hier? Bist wohl rausgeflogen?« Die beiden lachen.

Max fährt erschrocken zusammen, der Bann ist gebrochen. ›Wie lange stehe ich schon hier?‹, fragt er sich. Er hat keine Ahnung. Schnell läuft er zurück ins Klassenzimmer. Als er die Tür öffnet, schaut Frau Pfister nur kurz zu ihm herüber.

Erkan ist mit seinen Rechenaufgaben fertig und malt an einem Bild. »Du warst ja ewig weg!«, flüstert er. »War wohl eine größere Aktion«, kichert er vor sich hin.

›Der kommt sich wohl ungeheuer witzig vor‹, denkt sich Max. Dabei fällt ihm ein, dass er vergessen hat, aufs Klo zu gehen, aber nun kann er ja nicht schon wieder aufstehen! Seufzend quält er sich durch die Einmaleins-Aufgaben und ist erleichtert, als die große Pause beginnt.

Ich schaff das nicht!

Dieses Gefühl hast du sicher auch schon erlebt. Manchmal steht eine Aufgabe wie ein Berg vor dir und du fühlst dich überfordert, hilflos und dumm. Dein Selbstwertgefühl schrumpft zusammen, besonders wenn du siehst, wie ein anderer scheinbar mühelos die gleiche Herausforderung meistert.
Du vergisst deine Stärken auf anderen Gebieten und versuchst, der Aufgabe auszuweichen. Das ist verständlich, klappt aber nur kurzfristig.

Auf dem Heimweg überfällt Max tiefe Mutlosigkeit. Er hat das Gefühl, dass er der Einzige ist, der sich so schwer mit dem Rechnen tut. ›Was mache ich bloß falsch? Was ist mit mir nur los?‹, fragt er sich. Niedergeschlagen geht er nach Hause. Als er die Tür aufschließt, kommt ihm seine kleine Schwester Sarah torkelnd entgegen: Sie hat eben erst laufen gelernt und steht ziemlich wackelig auf den Beinen. Sie sieht ihren Bruder, stoppt, verliert das

Gleichgewicht und landet auf ihrem mit Windeln gepolsterten Hintern. Max und Sarah lachen beide. Sarah zieht sich am nächsten Stuhl hoch und wackelt auf ihren kurzen Beinchen durch die Wohnung. Fällt hin, steht wieder auf, unermüdlich.

Sich nicht entmutigen lassen – dranbleiben

An kleinen Kindern kannst du gut beobachten, wie Lernen vor sich geht: Immer wieder probieren, sich über jeden kleinen Erfolg freuen, und wenn's nicht klappt, spielt das keine große Rolle. So hast auch du das Laufen gelernt: Als deine Muskeln und Gelenke kräftig genug waren, wurde es dir zu langweilig, die Welt immer nur von unten anzuschauen! Im Grunde hast du alles Weitere auf diese Weise gelernt. Sobald dein Gehirn und dein Körper bereit dazu sind, wirst du neugierig und möchtest es können. Das geschieht durch viele Wiederholungen, bis es klappt. An was kannst du dich erinnern? Was ist dir zunächst schwergefallen und hat mit der Zeit immer besser geklappt?

›Eigentlich erstaunlich‹, denkt sich Max. ›Die sitzt ja mehr auf ihrem Hintern, als dass sie steht oder geht, und gibt trotzdem nicht auf. Ich hätte nicht so viel Ausdauer!‹ – »Wie war das eigentlich bei mir«, fragt er seine

Mutter. »Hat das auch so lange gedauert, bis ich laufen konnte?«

Max' Mutter lacht: »Du warst fast ein halbes Jahr älter als Sarah, als du deine ersten Schritte gewagt hast, und ziemlich zornig, wenn es nicht so geklappt hat, wie du dir das vorgestellt hast. Wenn du jedoch wo hinwolltest, hast du nicht aufgegeben. Nie, soweit ich mich erinnern kann. Und du wolltest dir auch nicht helfen lassen. ›Selber‹ war in dieser Zeit dein häufigstes Wort!«

Nach dem Essen übt Frau Weber mit Max das Einmaleins. Sie weiß, wie schwer er sich damit tut. »Lass dich nicht rausbringen«, meint sie. »Jeder lernt in seinem Tempo. Du weißt zwar nicht mehr, wie du Laufen gelernt hast, kannst dich jedoch sicher daran erinnern, wie das mit dem Schwimmen war.«

Schwimmen! Das ist das Stichwort. Gleich nach den Hausaufgaben schwingt sich Max aufs Rad und fährt ins Freibad. Wasser ist sein Element: Ob schwimmen oder tauchen – Max ist unermüdlich. Er liebt den Kitzel, wenn er auf der Plattform des Fünfmeterturms steht, um sich in die Tiefe zu stürzen. Das Wasser ist sein Freund, das weiß Max genau, und wird ihn sicher in Empfang nehmen.

Nach einer Stunde ist es Max kalt und er legt sich auf die Wiese zum Aufwärmen. Er breitet ein Handtuch über sich und spürt, wie die Sonne den Stoff aufheizt. Vier Klassenkameraden sitzen neben ihm und spielen

Uno, er hat jedoch keine Lust mitzuspielen und döst vor sich hin. Was hat die Mutter gemeint, als sie erwähnte, wie er Schwimmen gelernt hat? Max erinnert sich genau. Er hatte schreckliche Angst davor, Wasser in die Nase oder die Augen zu bekommen, und strampelte hektisch, um den Kopf über Wasser zu halten. Das änderte sich schlagartig, als er von Christian, seinem Onkel, eine Tauchermaske geschenkt bekam. Nun war die Angst weg und er begann zu entdecken, was es alles unter Wasser zu sehen gab: verloren gegangene Geldstücke, Haargummis, Steinchen.

Er schaute sich die Wasseroberfläche von unten an und beobachtete, wie die Springer mit einem Strudel von Luftblasen eintauchten. Bevor er es schaffte, eine Bahn zu schwimmen, konnte er perfekt tauchen.

Jeder lernt in seinem Tempo

Sicher hast du schon beobachtet, wie unterschiedlich die Kinder in deiner Klasse lernen. Einige Kinder können ein bisschen lesen und schreiben, wenn sie in die Schule kommen, andere lernen es im Laufe der ersten Schuljahre. Es gibt Kinder, denen Rechnen von Anfang an leicht fällt, manche wiederum müssen viel üben, bis sie es können. Und wenige Kinder können schon mit drei einen Purzelbaum, andere mit fünf oder sieben Jahren und mit neun können ihn fast alle.

Wie ist das bei dir? Was hast du schon früh gelernt, was erst später? Und wie hast du das gelernt?

Erst in den Sommerferien im Jahr darauf lernte Max richtig schwimmen. Das war nicht im Freibad, sondern in einem See, der nur am Rand flach war und dann so tief wurde, dass er nicht mehr stehen konnte. Max begann zu üben. Er konnte die Schwimmbewegungen und suchte sich Punkte am Ufer, auf die er zuschwamm. Zuerst waren es nur kurze Strecken, die er mit der Tauchermaske zurücklegte. Dann ließ er die Maske weg und vergrößerte die Entfernungen: bis zu einem Busch, dann kam ein verrostetes Straßenschild, ein Felsblock. Als er es schaffte, am Ufer entlang einen bestimmten Baum zu erreichen, war er selbst und seine Eltern davon überzeugt, dass er nun schwimmen konnte. Zur Feier des Tages gab es einen gewaltigen Eisbecher.

Die Wärme und das Gemurmel seiner Karten spielenden Freunde machen Max schläfrig. Als ihm jemand das Handtuch wegzieht, braucht er einen Moment, um wieder ganz da zu sein. Wie spät ist es eigentlich? Er schaut auf die große Uhr, die am Eingang hängt. So spät schon! Eigentlich müsste er schon zu Hause sein. Rasch schlüpft er in sein T-Shirt, zwängt sich die Shorts über die noch leicht feuchte Badehose. »Ich muss schnell nach Hause! Tschüss!« Hastig verabschiedet er sich von seinen Freunden, rennt zum Ausgang und zu seinem Fahrrad und tritt in die Pedale. Wahrscheinlich wartet die Mutter schon! Er legt noch einen Zahn zu und nimmt die Abkürzung durch den Park. Der Weg ist für Radler gesperrt, aber was soll's: ›Ich hab's eilig und bin vorsichtig‹, sagt sich Max.

Er ist schon fast durch den Park, da passiert es. Wie aus dem Nichts taucht ein Kinderwagen auf, geschoben von einer jungen Frau. Max legt eine Vollbremsung hin. Dabei blockiert das Vorderrad, rutscht knirschend zur Seite weg und Max landet knapp vor dem Kinderwagen und den Füßen der erschrockenen Frau auf dem Kiesweg.

Einen Augenblick bleibt Max benommen liegen. Dann spürt er sein Knie und wimmert vor Schmerzen. Es tut höllisch weh. Vorsichtig schaut er hin: Das sieht nicht gut aus. Die blutende Wunde am Knie ist voller Steinchen. »Komm, versuch mal aufzustehen, ich helfe dir!«, sagt die Frau. Das geht einigermaßen, aber er kann das Knie nicht bewegen. Max schluchzt und zittert. Die Frau ruft mit ihrem Handy bei Max zu Hause an.

Max hat Schmerzen, das Knie pocht und die Schürfwunde brennt. Die Mutter holt ihn ab und bringt ihn in die Notaufnahme des Krankenhauses.

Gebrochen ist nichts, aber einige Steinchen sind tief eingedrungen und müssen entfernt werden. Max muss sich auf eine schmale Liege legen. Was der Arzt an seinem Knie genau macht, stellt Max sich lieber nicht vor. Er hat den Eindruck, dass es eine Ewigkeit dauert, bis der Arzt fertig ist. Damit die Wunde heilt, bekommt Max einen Gips, der das Kniegelenk still legt. Und das bei schönstem Freibadwetter!

Der Arzt hat gesagt, dass er das Bein hochlegen und drei Tage zu Hause bleiben soll. Schmerzen hat er keine mehr, dafür ist ihm langweilig. Ganz gleich, wie er sich hinsetzt oder hinlegt, der Gips ist im Weg. Max hört CDs, zum Lesen hat er keine Lust.

Am Abend setzt sich der Vater an Max' Bett. »Na, das hätte schlimm ausgehen können. Der Arzt hat gesagt, dass du in drei Wochen wieder völlig hergestellt bist. Übermorgen kommt der Beutel für die Wundflüssigkeit weg und wahrscheinlich bist du den Gips in zwei Wochen los. Du weißt ja selbst, dass du nicht durch den Park fahren darfst, aber Respekt vor der Vollbremsung. Wenn du in den Kinderwagen gefahren wärst, hätte das übel ausgehen können. Die Frau hat schon angerufen und sich nach dir erkundigt.« Max wird ganz schlecht, wenn er daran denkt, was noch hätte passieren können. Dagegen sind drei Wochen Freibadverzicht ein Klacks! Aber er ist froh, dass er drei Tage nicht in die Schule muss. Wenn ihm die Einmaleins-Aufgaben einfallen, wird ihm schwer ums Herz und er seufzt leise.

»Was war denn das für ein Seufzer?«, fragt ihn der Vater.

Max druckst ein bisschen herum und rückt dann mit der Sprache raus: »Ich kann mir das Einmaleins nicht merken! Und wenn ich abgefragt werde, fällt mir überhaupt nichts mehr ein!«

Sein Vater will es genau wissen: »Wirklich überhaupt nichts? Was weißt du denn schon?«

Max überlegt. Na ja, die 2er-Reihe ist leicht, die zählt nicht wirklich. Genauso die 5er-Reihe. Wenn er es sich richtig überlegt, sind es vor allem die übrigen ungeraden Reihen und am schlimmsten sind die 7er. Da ist sein Gedächtnis wie ein Sieb! »Wahrscheinlich heißt die Sieb-en deshalb so«, meint Max und freut sich über das Wortspiel.

»Ich bin sicher, dass du das schaffst«, sagt sein Vater. »Pass mal auf, ich habe eine Idee. Wir machen das wie damals, als du Schwimmen gelernt hast. Erinnerst du dich noch?«

Max ist verblüfft. Kann sein Vater Gedanken lesen? Erst heute Nachmittag hat er im Freibad daran gedacht – das kommt ihm vor, als sei es eine Ewigkeit her. »Ich bin jeden Tag ein Stück weiter geschwommen, zuerst mit Tauchermaske, dann ohne.«

»Genau so machen wir es auch. Wir fangen damit an, was du schon kannst, und nehmen jeden Tag ein bisschen was dazu. Ich frage dich dann richtig streng ab!« Sein Vater zieht die Stirn in Falten und guckt finster.

Max muss lachen! »Also, wie weit kommst du mit den 7ern?« Max stellt fest, dass er die Reihe gerade bis 3 mal 7 beherrscht. »Gut«, meint sein Vater, »wie weit kommst du bis morgen Abend?«

Max überlegt. »Ich nehme mir 4, 5, 6 mal 7 vor, das ist der nächste Busch!«

Vater stutzt, dann versteht er. »Genau wie beim Schwimmen ohne Tauchermaske!«

Am nächsten Nachmittag kommt Erkan zu Besuch. Die beiden zeigen sich ihre Fußballerkarten. Erkan bringt die heutigen Arbeitsblätter, sodass Max auf dem Laufenden ist. Da hat Max eine Idee: »Du bist doch gut in Kopfrechnen. Kannst du mich das Einmaleins abfragen?« Erkan schaut seinen Freund verblüfft an. Will der ihn auf den Arm nehmen? Max, der sonst von Schule nichts wissen will?

Doch der scheint es ernst zu meinen. »Also gut, wenn du willst. Was ist 3 mal 4?« Erkan stellt immer schwerere Aufgaben und Max antwortet mit der Zeit schneller. Heute Vormittag hat er die 7er-Reihe wiederholt, bis sie ihm zum Hals raushing, und zwar die ganze Reihe, nicht nur bis 6 mal 7. Nach fünf Minuten tauschen sie die Rollen und Max fragt Erkan ab. Das geht sogar noch besser, denn Max hat etwas mehr Zeit zum Überlegen.

In kleinen Schritten weiterkommen

Das hast du sicher schon selbst erlebt: Du stehst vor einer Aufgabe oder Herausforderung und kommst nicht voran. Dabei übersiehst du meistens, was du schon kannst, und stehst wie gelähmt vor dem Weg, der noch vor dir liegt.

Dies ist meist ein Hinweis darauf, dass du dir einen zu großen Brocken vorgenommen hast. Zerlege ihn in kleine Päckchen, die du gerade noch bewältigen kannst. Konzentriere dich dabei auf den nächsten vor dir liegenden Schritt und freue dich über den Weg, den du schon hinter dir hast.

Voller Spannung wartet er auf seinen Vater. Ob es da auch so gut klappt? Max ist ein kleines bisschen aufgeregt, und als der ihn abfragt, geht es nicht so flüssig wie nachmittags mit Erkan. Max ist enttäuscht, aber der Vater sagt begeistert: »Du bist wieder ein Stückchen weiter! Was nimmst du dir als Nächstes vor?«

Nach drei Tagen darf Max, immer noch mit Gipsbein, wieder in die Schule. Zu seiner eigenen Verwunderung freut er sich darauf. So allein zu Hause ist es ihm langweilig und außerdem fragt er sich gespannt: ›Was wird Frau Pfister sagen, wenn sie merkt, dass ich plötzlich rechnen kann?‹

Als er im Klassenzimmer erscheint, gibt es ein großes Hallo. Immer wieder muss er von seiner Vollbremsung erzählen, mit jeder Wiederholung wird die Schilderung dramatischer. Max genießt es, im Mittelpunkt der Aufmerksamkeit zu stehen.

Frau Pfister beginnt den Rechenunterricht mit einer »Aufwärm-Gehirnjogging-Runde«, wie sie es nennt. Sie stellt verschiedene Kopfrechenaufgaben, und wer die Antwort weiß, hebt die Hand. Max meldet sich mehrmals, wird aufgerufen und hat fast immer das richtige Ergebnis. Jetzt, wo er wieder mehr Mut hat, traut er sich auch sich zu melden, wenn er nicht ganz sicher ist. Na und? Nur wer es wagt, Fehler zu machen, kommt weiter!

WAS DU TUN KANNST, UM FRISCHEN MUT ZU FASSEN

☑ Schreibe auf, was du dir nicht zutraust, und sprich mit deinen Eltern oder jemand anderem darüber. Was kannst du selbst verändern? Lass dir von jemandem helfen, wenn du alleine nicht weiterkommst. Das können dein Lehrer oder deine Lehrerin sein, deine Eltern, ein Patenonkel oder eine Patentante. An manchen Schulen gibt es auch einen Beratungslehrer, den du fragen kannst.

☑ Stelle dir kleine »Trainingsaufgaben«, wenn du deine Angst bewältigen willst – gerade so schwer, dass du sie schaffen kannst, aber nicht hundertprozentig sicher bist. Traust du dich zum Beispiel nicht, dich zu melden, dann nimm dir zunächst vor, es ein Mal am Tag zu tun. Das kannst du langsam steigern, bis du zufrieden bist. Ergänzend kannst du eine Strichliste anlegen, mit der du festhältst, wie weit du gekommen bist.

☑ Wenn dir eine Aufgabe oder Herausforderung zu groß erscheint, kannst du genauso vorgehen: Zerlege sie in kleine, überschaubare Schritte. Suche dir einen Erwachsenen als »Trainer« oder »Coach«, der dir dabei hilft – das gehört genauso zum Großwerden wie Rechnen, Schreiben und Lesen lernen!

- ☑ Wenn du längere Zeit krank warst oder aus einem anderen Grund etwas nicht mitbekommen hast, kann für einen begrenzten Zeitraum Nachhilfe sinnvoll sein.

Wie geht´s nach der Grundschule weiter?

ANNA GEHT AUF DIE REALSCHULE

»Ich gehe mal aufs Gymi!«, verkündet Lisa. Anna sieht sie verwundert von der Seite an. Die beiden Freundinnen sind auf dem Weg zum Kletterkurs. Anna hat sich noch keine großen Gedanken darüber gemacht, wie es nach der Grundschule weitergeht. Lisa dagegen scheint sich ganz sicher zu sein.

»Woher weißt du das so genau?«, fragt sie nach.

»Ich weiß sogar schon in welches! Nämlich da, wo mein Bruder Tilmann hingeht. Ich war schon mal dort!«

Anna senkt den Kopf. Sie ist nicht so eine gute Schülerin wie Lisa. Außerdem, das muss sie zugeben, ist sie nicht so fleißig. Lisa erledigt ihre Hausaufgaben immer gleich, wenn sie von der Schule nach Hause kommt. Sie nimmt sich viel Zeit und gibt sich große Mühe, ordentlich in ihre Hefte zu schreiben – sie hasst es, wenn sie etwas verbessern muss. Anna dagegen verbringt ihre Nachmittage nicht nur mit Klettern, sie spielt auch Klarinette im Musikverein und ist Jugendrotkreuzlerin. Außerdem liest sie jede freie Minute!

Beim Klettern vergisst Anna die Unterhaltung mit Lisa. Sie kommt gut zurecht mit der Route, die sie gewählt hat, und als sie Lisa sichert, verfolgt sie aufmerksam die Bewegungen ihrer Freundin.

Zu Hause wird sie freudig von Wuschel, dem Familienhund begrüßt. Der kann es kaum erwarten, dass sie mit ihm eine Runde im Park dreht. Eigentlich ist Anna müde, aber sie hat versprochen, einmal am Tag mit ihm rauszugehen – bei jedem Wetter! Und wie er sie so treuherzig anschaut, zieht sie erst gar nicht ihre Jacke aus, sondern stellt nur ihre Tasche ab und nimmt die Hundeleine. »Ich gehe noch eine Runde mit Wuschel in den Park.«

Im Park lässt Anna Wuschel von der Leine und wirft Stöckchen. Sie tut so, als ob sie ebenfalls hinter dem Stöckchen herrennt und natürlich gewinnt Wuschel so gut wie immer. Das ist das Lieblingsspiel der beiden, aber heute ist Anna nicht richtig in Laune und Wuschel scheint das zu merken, er springt ebenfalls nur lustlos dem Stöckchen nach. Die kurze Unterhaltung mit Lisa über das Gymi fällt ihr wieder ein. Lisa ist schon seit dem Kindergarten ihre beste Freundin und sitzt seit der ersten Klasse neben ihr. Anna schnürt es die Kehle zusammen, wenn sie sich vorstellt, dass sie ab Herbst in eine andere Schule als Lisa gehen könnte. Sie beschließt, mit ihren Eltern beim Abendessen darüber zu sprechen. Anna setzt sich auf eine Bank, lässt Wuschel ein paar Minuten am Abfallkorb schnüffeln, nimmt ihn an die Leine und begibt sich wieder auf den Rückweg.

Der Tisch ist schon gedeckt, als sie nach Hause kommt. Sie wäscht sich die Hände und setzt sich. Anna merkt erst jetzt, wie hungrig sie ist, aber noch stärker beschäftigt sie das Gespräch mit Lisa: »In welche Schule komme eigentlich ich?«

Mama und Papa schauen sich verwundert an.

»Lisa hat gesagt, dass sie aufs Gymnasium geht. Was ist mit mir?«

»Da ist Lisa früh dran«, meint Papa. »Die Grundschulempfehlungen sind noch gar nicht raus. Wahrscheinlich beschäftigt sie sich schon jetzt damit, weil sie einen älteren Bruder hat.«

»Also kann sie es noch gar nicht richtig wissen«, beruhigt sich Anna. »Ist es möglich, dass Lisa und ich in unterschiedliche Schulen gehen?«

»Das kann gut sein«, entgegnet Mama. »Meine beste Freundin Eva ging nach der Grundschule in die Hauptschule, während ich auf die Realschule wechselte.«

»Das finde ich schrecklich!« Anna ist fassungslos.

Die Übergangsempfehlung (Grundschulempfehlung)

Am Ende der Grundschulzeit bekommt jedes Kind von der Schule eine Empfehlung, welche weiterführende Schule am besten passt. Dabei spielen nicht nur die Noten eine Rolle, sondern auch wie selbstständig, zügig und ordentlich ein Kind arbeitet. Wenn die Eltern mit der Empfehlung nicht einverstanden sind, kann die Einschätzung weiterer Fachpersonen (Beratungslehrer, Schulpsychologen) hinzugezogen werden. Dies ist von Bundesland zu Bundesland unterschiedlich. Lass es dir von deiner Klassenlehrerin erklären, wenn du Genaueres wissen willst!

»Mir ging es damals genauso. Ich war sogar wild entschlossen, nach einem halben Jahr ebenfalls auf die Hauptschule zu wechseln, um wieder mit Eva in eine Klasse zu gehen. Dann habe ich neue Freundinnen kennengelernt und Eva traf ich sowieso regelmäßig beim Tischtennisspielen. Du weißt ja, dass wir immer noch befreundet sind. Wir haben uns in all den Jahren nicht aus den Augen verloren, auch als Eva heiratete und nach Australien auswanderte.«

Anna muss lachen, als sie sich an den letzten Besuch von Eva erinnert: Sie hatte die lebhafte Freundin ihrer Mutter sofort gemocht. Eva konnte stundenlang von

Australien erzählen, den endlosen Entfernungen, eindrucksvollen Landschaften, giftigen Spinnen und Schlangen, gefährlichen Krokodilen. Bei der Erinnerung läuft Anna ein Schauer über den Rücken!

Hauptschule – Realschule – Gymnasium

Fast überall in Deutschland wechseln die Kinder in eine dieser drei »weiterführenden Schulen«. Jede dieser Schulen führt zu einem eigenen Abschluss. Nach einem Hauptschulabschluss oder der mittleren Reife am Ende der Realschule kannst du z.B. eine Lehre in einem handwerklichen, kaufmännischen oder sozialen Beruf machen. Wenn du das Gymnasium erfolgreich mit dem Abitur abgeschlossen hast, darfst du an einer Hochschule studieren. Da am Ende der Grundschulzeit noch kein Kind sagen kann, welchen Beruf es einmal erlernen wird, gibt es eine Vielzahl von Möglichkeiten, auch mit der Hauptschule den mittleren Bildungsabschluss oder das Abitur zu erreichen.

Tags darauf, nach der Probe im Musikverein trifft Anna auf Ulrike. Die ist drei Jahre älter und besucht die Realschule. »Sag mal, Uli, du bist doch auf der Realschule. Wie gefällt's dir dort?«

»Warum fragst du?«

»In meiner Klasse reden alle davon, in welche Schule sie gehen. Ich hab mir noch keine großen Gedanken gemacht, aber so langsam würde ich schon gerne wissen, was da auf mich zukommt.«

Ulrike überlegt. »Mir gefällt es gut in der Realschule. Eigentlich wollte ich aufs Gymnasium, und als ich die Empfehlung für die Realschule bekam, war ich erst mal enttäuscht. Jetzt bin ich froh, denn ich glaube, es wäre ziemlich stressig für mich geworden, mit den ganzen Proben und dem vielen Sport, den ich treibe. So kann ich die mittlere Reife machen und danach kann ich aufs berufliche Gymnasium. Wenn ich dort das Abi schaffe, habe ich nur ein Jahr länger gebraucht, als wenn ich gleich aufs Gymi gewechselt hätte.«

Nachdenklich steigt Anna in den Bus, der sie nach Hause bringt. Wenn sie so darüber nachdenkt, hat sie sicher genauso viele Interessen wie Ulrike und keine Lust, diese für die Schule zu opfern.

Irgendetwas kitzelt am Hals. Erschrocken fährt Anna herum. Sie war völlig in ihr Buch versunken und braucht einen Augenblick, bis ihr klar wird, dass sie im Bus sitzt. Sechs Augenpaare schauen sie erwartungsvoll an. Was war das an ihrem Hals? Oliver, der hinter ihr sitzt, hält ihr die geschlossene Faust entgegen und öffnet sie langsam. »Ieh!« Anna schreit auf. Eine grässliche Spinne mit haarigen Beinen sitzt auf seinem Handteller. Oliver wackelt mit der Hand und die Spinne scheint sich auf sie zuzubewegen! Einige Kinder lachen, Anna bricht in Tränen aus, bis sie erkennt, dass die Spinne nicht echt ist. Wütend stößt sie Olivers Hand weg, die Spinne landet in hohem Bogen auf dem Schoss einer älteren Dame, die aufspringt und die Spinne auf den Boden schüttelt. Nun ist es still im Bus. Oliver sammelt seine Spinne wieder ein und stottert eine Entschuldigung gegenüber

der Dame. Anna sitzt mit hochrotem Kopf auf ihrem Platz und versucht, wieder in ihr Buch hineinzufinden. Es gelingt ihr nicht, auch als Oliver bei der nächsten Haltestelle den Bus verlässt. Eigentlich hätte Rosa, die neben ihr sitzt, ebenfalls aussteigen müssen.

»Warum sitzt du immer noch im Bus?«, fragt Anna.

Rosa seufzt. »Ich fahre zur Mathe-Nachhilfe. Sonst schaffe ich es nicht aufs Gymnasium. Meine Eltern sagen, ich soll es wenigstens versuchen.«

Warum möchten viele Eltern, dass ihre Kinder aufs Gymnasium gehen?

Eltern wollen das Beste für ihre Kinder: eine gute Schule, in die ihre Kinder gerne gehen, Freunde haben und viel lernen, ohne überfordert zu sein. Sie wünschen sich, dass ihre Kinder aufs Gymnasium gehen, um gute Startchancen im späteren Leben zu haben.

Du kannst davon ausgehen, dass auch deine Eltern das Beste für dich im Sinn haben. Doch was heißt das? Jedes Kind ist anders und du hast ein Recht darauf, nicht nur nach deinen Schulnoten beurteilt zu werden. Wenn das Gymnasium oder die Realschule im Moment zu schwer für dich ist, bedeutet das wenig. Du kannst mit jeder der drei Schultypen weiterkommen und deinen Weg finden.

Anna ist bestürzt. »Aber du bist doch gut in Mathe, besser jedenfalls als ich!«

»Du weißt doch, dass ich am Anfang des Schuljahres ein paar Wochen krank war.« Anna erinnert sich: Rosa bekam die Mandeln entfernt. »Da habe ich einiges verpasst und das hole ich mit meiner Nachhilfelehrerin auf.«

Julia hat dem Gespräch der beiden zugehört. »Mein Vater sagt, ich soll mich anstrengen, sonst muss ich auf die Hauptschule!« Ihre Augen füllen sich mit Tränen, die Stimme wird zittrig. »Das sagt der so einfach. Was soll ich denn noch alles machen?« Einen Augenblick lang ist es still zwischen den dreien. Anna überlegt: Julia tut sich bei Aufsätzen schwer und für ihre Rechenaufgaben braucht sie immer etwas länger. Andererseits ist sie die beste Zeichnerin in der Klasse, alle ihre Bilder sind richtige Kunstwerke.

»Hauptschule ist doch in Ordnung! Die beste Freundin meiner Mutter ging in die Hauptschule und hat jetzt irgendein Geschäft in Australien! Eva war schon bei uns zu Besuch, die ist voll nett!« Anna beschließt, ihre Mutter danach zu fragen, wie es mit Eva weiterging.

Rosa ergreift wieder das Wort. »Es kann also sein, dass wir ab Herbst alle in verschiedene Schulen gehen!«

»Deshalb fahren wir zum Abschluss für vier Tage ins Schullandheim!«, wirft Anna ein. »Dann können wir uns voneinander verabschieden. Ich freue mich riesig darauf!«

»Ja schon, aber wenn ich mir vorstelle, dass es unser letzter Ausflug ist!« Julia kämpft wieder mit den Tränen. »Ich weiß schon jetzt, dass ich euch sehr vermissen werde! Wir haben uns richtig aneinander gewöhnt!« Die drei schauen sich an. Obwohl sie keine dicken Freundinnen sind, verbindet sie doch die zurückliegende Schulzeit.

»Kannst du bitte den Tisch decken? In fünf Minuten ist das Essen fertig.«

Anna legt ihr Buch weg. Gerade jetzt, wo es so spannend ist! Sie steht von ihrem Bett auf und streckt sich. Erst jetzt merkt sie, dass ihr Arm eingeschlafen ist. Sie trottet in die Küche, holt Geschirr und Besteck aus dem Schrank und trägt alles zum Esstisch. »Oliver hat mir heute im Bus eine Spinne in den Kragen gesteckt.«

»Was?« Mama dreht sich geschockt zu ihrer Tochter um. Anna muss schmunzeln. Sie weiß genau, wie sie Mama aufregen kann. »Keine richtige Spinne, die war nur aus Draht. Sah aber ganz echt aus, ich habe es nicht gleich gemerkt. Dann ist die Drahtspinne einer älteren Frau auf den Schoss gefallen und die ist kreischend aufgesprungen.« Anna schmückt die Geschichte noch ein bisschen aus und genießt es, wie Mama gebannt zuhört. »Danach haben wir uns darüber unterhalten, in welche Schule wir gehen. Rosas Eltern wollen, dass sie aufs Gymi wechselt und Julias Vater will nicht, dass sie auf die Hauptschule geht. Wie war das eigentlich mit Eva, was hat sie nach der Schule gemacht?«

»Vielleicht erinnerst du dich, dass Evas Eltern eine Bäckerei hatten. Die gibt es leider nicht mehr, dabei hatten sie die besten Brezeln und Torten in der ganzen Stadt!

Ich glaube, Eva wusste nach ihrem Hauptschulabschluss nur, dass sie keine Bäckerin werden wollte. Das frühe Aufstehen und die langen Ladenzeiten schreckten sie ab. Was sie jedoch stattdessen lernen wollte, war ihr überhaupt nicht klar. Schließlich entschied sie sich für eine Gärtnerlehre, da sie gerne an der frischen Luft ist. Nach der Lehre arbeitete sie, wenn ich mich richtig erinnere, noch ein knappes Jahr und sparte sich Geld für eine große Reise. Danach wollte sie weiter zur Schule gehen, um die mittlere Reife nachzuholen. Doch es kam anders. Sie verliebte sich während ihrer Reise in Australien, heiratete und blieb dort. Und jetzt kommt das Beste: Mit ihrer Ausbildung als Gärtnerin konnte sie nicht viel anfangen. Also überlegte sie, was sie sonst noch konnte – und versuchte es mit Schwarzwälder-Kirsch-Torten! Da hatte sie oft genug zugeschaut und musste ihrer Mutter helfen, denn das war ihre Spezialität. Sie fing damit an, Kuchen in ihrer Küche zu backen und samstags in der Garage zu verkaufen. Mittlerweile leitet sie eine große Bäckerei mit mehreren Filialen und ist in der ganzen Gegend bekannt für ihre Torten und Brezeln.«

Anna hört mit großen Augen und roten Backen zu. Australien erscheint ihr noch viel interessanter als zuvor und sie ist mehr denn je entschlossen, Eva zu besuchen. »Wie ist Eva wohl auf die Idee mit den Torten gekommen? Nach der Schule wollte sie doch auf keinen Fall Bäckerin werden«, fragt Anna.

»Ich glaube, gegen das Backen hatte sie gar nicht so

viel«, überlegt Mama. »Zumindest Kuchen hat sie schon immer gerne gebacken und vor allem gegessen, das weiß ich genau. Wahrscheinlich brauchte sie ein bisschen Abstand, um herauszufinden, was ihr liegt und wo ihre Stärken sind.«

»Einen größeren Abstand als Australien konnte sie ja kaum wählen!«, lacht Anna.

»Da hast du recht. Ihre Eltern waren entsetzt, als sie hörten, dass ihre Tochter so weit weg zieht. Später war ihr Vater mächtig stolz und hat in Deutschland Maschinen für die Bäckerei eingekauft.«

Nachdenklich fährt Anna mit dem Finger das Blumenmuster auf der Tischdecke nach. »Was ich wohl werde, wenn ich mal groß bin?«, sagt sie mehr zu sich selbst als zu Mama, die den Arm um sie legt.

»Da hast du noch ein bisschen Zeit. Denk an Eva. Als sie so alt war wie du, hatte sie auch noch keinen Plan.

Ich finde es gut, dass du so viele Interessen hast. Wir finden eine Schule, auf der du dich wohlfühlst und vorankommst, und alles Weitere ergibt sich mit der Zeit.«

Deine Stärken entdecken

Wie gut, dass wir nicht alle gleich sind! Das Leben wäre sonst schrecklich langweilig. Es gibt Große und Kleine, Sprinter und Langstreckenläufer, fixe Rechner und einfallsreiche Aufsatzschreiber. Wenn du nachdenkst, fallen dir sicher noch viele Unterschiede ein!

Schule ist dazu da, dass du Schreiben, Lesen und Rechnen lernst. Das ist jedoch nicht alles! Im Laufe deiner Schulzeit wirst du die unterschiedlichsten Dinge lernen und dabei erfahren, was du gut kannst, was dir liegt – kurz gesagt: deine Stärken entdecken.

Anna ist beruhigt und erleichtert. Als wenige Wochen nach diesem Gespräch Mama und Papa die Grundschulempfehlung in Händen halten, ist sie ganz zufrieden, dass »Realschule« angekreuzt ist.

In der Klasse unterhalten sich alle darüber, wer auf welcher Schule angemeldet wird. Rosa und Lisa haben eine Empfehlung fürs Gymnasium bekommen und strahlen um die Wette, Julia wird die Hauptschule besuchen und ist froh darüber, dass die Entscheidung nun feststeht. Anna ist ein bisschen neidisch, dass Rosa und Lisa zusammenbleiben können. Aber dann tröstet sie sich damit, dass sie auch in Zukunft miteinander klettern werden und Freundinnen bleiben können, auch ohne Nebensitzerinnen zu sein.

Alle Kinder freuen sich auf die Tage im Schullandheim.

Besonders freut sich Anna auf die Vorlese-Nacht. Jeder, der möchte, darf eine Geschichte mitbringen und Anna überlegt lange. Sie kennt viele spannende Bücher, aber was eignet sich zum Vorlesen? Sie berät sich mit Mama, bevor sie sich entscheidet.

Als im Schullandheim Anna mit ihrer Geschichte an der Reihe ist, klopft ihr das Herz bis zum Hals. Es ist schon dämmrig, die Kinder sitzen im Kreis, Teelichter verbreiten eine gemütliche Stimmung. Neben Anna steht ein Punktstrahler, der auf ihr Buch gerichtet ist, damit sie gut lesen kann. Frau Rose hält ihren Finger an den Mund, die Kinder tun es ihr nach und es wird mucksmäuschenstill. Anna beginnt vorzulesen. Zunächst hat sie einen Kloß im Hals und ihre Stimme kommt ihr seltsam krächzend vor. Nach ein paar Sätzen glaubt sie, keinen Ton mehr herauszubringen.

»Was ist los, Anna? Ich weiß, wie gut du vorlesen kannst.« Frau Rose setzt sich neben sie und reicht ihr ein Glas Wasser. »Mach einfach weiter, wo du gerade aufgehört hast.«

Anna setzt wieder an und jetzt hat sich der Kloß aufgelöst. Sie spürt, wie sie mit ihrer Stimme die Geschichte im Buch zum Leben erweckt, fast meint man die Figuren durch den Raum gehen zu sehen! Anna vergisst völlig, dass ihre Klasse um sie herum sitzt. Auch Frau Rose neben ihr nimmt sie nicht mehr wahr. Als sie an die

markierte Stelle kommt, bis zu der sie lesen wollte, taucht sie wie aus einem Traum auf. Sie blickt in lauter glänzende Augenpaare und bekommt einen langen begeisterten Beifall.

Lisa sitzt auf der Heimfahrt im Bus neben Anna. »Das beste am Schullandheim war, als du deine Geschichte vorgelesen hast«, sagt Lisa. Anna schaut aus dem Fenster und ist mit sich zufrieden. ›Ich weiß zwar nicht, was ich mal werden möchte, aber vorlesen kann ich gut. Ob ich mal Vorleserin werde? Oder Schauspielerin? Na, das ist ja noch mal was anderes. Ist auch egal. Als ich da im Stuhlkreis saß und vorgelesen habe, habe ich mich innerlich ganz stark gefühlt, vom Scheitel bis zur Sohle.‹

WIE DU DEINE STÄRKEN HERAUSFINDEN KANNST

☑ Nimm ein Stück Papier und schreibe auf, was du gut kannst. Mindestens fünf Punkte müssen da stehen! Denke dabei nicht nur an die Schule, sondern an alle Dinge, die du gerne tust!

☑ Frage deine Freunde, Eltern, was sie glauben, dass du gut kannst. Bist du der gleichen Meinung? Dann schreibe auch das auf die Liste.

☑ Überlege dir, welche Fähigkeiten dazu gehören. Wenn du zum Beispiel gut Rad fahren kannst, verfügst du über Körperbeherrschung und gute Reflexe; wenn du gut zeichnen kannst, kannst du vermutlich gut beobachten, hast gute Ideen.

☑ Wo willst du diese Fähigkeiten sonst noch einsetzen? Wenn du zum Beispiel gut schreiben kannst – Aufsätze, Tagebuch, Briefe –, könnte es sein, dass du Lust hast, in der Schülerzeitung zu schreiben? Oder wenn deine Körperbeherrschung gut ist und du musikalisch bist, reizt es dich vielleicht zu tanzen?

☑ Trau dir zu, was Ungewohntes auszuprobieren. Vielleicht stößt du dabei auf etwas Neues, woran du viel Freude hast!

Wie die Schulzeit gelingen kann

EIN WORT FÜR DIE ERWACHSENEN

Die Geschichten in diesem Buch erzählen von ganz normalen Mädchen und Jungen. Sie versuchen, mit unterschiedlichen Herausforderungen mit ihren Möglichkeiten klarzukommen.
Die Erzählungen regen Kinder dazu an, eigene Erfahrungen und Beobachtungen dazu in Beziehung zu setzen und sich zu fragen: Kenne ich ähnliche Situationen? Wie wäre es mir ergangen? Was hätte ich getan? Ideen und Ratschläge für besondere und kritische Situationen ergänzen die einzelnen Erzählungen.

Über viele Jahre hinweg bestimmt die Schule den Alltag Ihres Kindes, ja der ganzen Familie. Es gibt Höhepunkte, Momente intensiven Glücks, wenn Sie sich darüber freuen, dass Ihr Kind etwas erreicht hat, sowie Durststrecken und Tiefpunkte, wo Sie sich und Ihrem Kind nicht zu helfen wissen.
Im Blick auf Ihr Kind geht es Ihnen sicherlich wie den meisten Eltern – Sie wünschen sich, dass Ihr Kind die Schulzeit erfolgreich, das heißt mit einem guten Abschluss durchläuft und am Ende als selbstbewusster und selbstständiger junger Mensch seinen weiteren Weg geht.

Lernen, als Eltern loszulassen ohne alleinzulassen

Während bisher Sie, die Eltern, neben Großeltern, Tagesmutter, Erzieherin, die wichtigsten Personen im Leben Ihres Kindes waren, gewinnt die Lehrerin oder der Lehrer an Bedeutung. Selbst wenn Sie einen guten Kontakt zur Schule pflegen, bleiben Sie doch außen vor und bekommen nur einen mittelbaren Eindruck vom Schulalltag über die Erzählungen Ihres Kindes – und die werden häufig genug recht sparsam ausfallen. Das ist gut und richtig, um selbstständig und selbstbewusst zu werden. Kinder lernen, im geschützten Rahmen zu handeln, Verantwortung zu übernehmen und ihre Angelegenheiten selbst zu regeln. Umgekehrt heißt das für Sie loszulassen und Ihrem Kind Herausforderungen und unangenehme Situationen zuzu*muten*. In diesem Wort steckt »Mut«: Ich traue dir zu, dass du zurechtkommst, und stehe hinter dir. Wenn Kinder dies spüren, werden sie stark und selbstbewusst. Es gibt allerdings Situationen, wo Sie eingreifen *müssen* – ich komme noch darauf zurück.

Was Ihr Kind aus der Schule mitbringt

Ihr Kind wird aus der Schule Impulse und Eindrücke mit nach Hause bringen, mit denen Sie nicht gerechnet haben. Das können Ausdrücke und Sprachregelungen sein, aber auch politische Meinungen, weltanschauliche und religiöse Ansichten. Manches davon werden Sie witzig und anregend finden, anderes störend und beunruhigend und wahrscheinlich werden Sie nicht mit allem einverstanden sein. Sicher werden Sie sich über manches ärgern und sich Sorgen machen, dass Ihr Kind in die falsche Richtung beeinflusst wird.

Die eigene Schulzeit kommt wieder hoch

Wie haben Sie selbst Schule erlebt? Hatten Sie eine schöne Schulzeit oder haben Sie gelitten? Je nachdem, wann und wo Sie zur Schule gegangen sind, werden Sie einiges wiedererkennen, anderes hat sich verändert. Misstrauen Sie »alten Reflexen«. Die meisten Erwachsenen begeben sich auf eine »Zeitreise in die Vergangenheit«, sobald sie auf Schulmöbeln sitzen – vor allem wenn sie hintereinander in Reihen aufgestellt und viel zu klein sind. Alte Gefühle melden sich, meistens ein bunter Mix aus gespannt-erwartungsvoll bis zu unterlegen und aufsässig. Gönnen Sie sich den Spaß und beobachten sich und andere bei einem Elternabend!

Ihre eigenen Schulerfahrungen sind der Hintergrund, auf dem sich Ihre Erwartungen und Hoffnungen für Ihr Kind abbilden. Vielleicht wünschen Sie sich, dass Ihr Kind die Chance hat, eine positive Erfahrung wie Sie zu erleben, z.B. Freude an einem bestimmten Unterrichtsfach oder -thema. Oder Sie möchten ihm etwas ermöglichen, was Ihnen verwehrt war, z. B. einen guten Musikunterricht. Es kann auch genau andersrum sein: Sie möchten Ihrem Kind eine Erfahrung, die Sie quälend in Erinnerung haben, auf jeden Fall ersparen, z. B. lange

Gedichte auswendig lernen. Wie auch immer, unsere eigene Geschichte mit Schule lässt uns nicht los.

WANN MÜSSEN SIE ALS VATER ODER MUTTER EINGREIFEN?

Untersuchungen zeigen, dass »Mobbing« und »Bullying« häufig in der Grundschule auftreten und nach einem Gipfel in der 5. und 6. Klasse – unabhängig von der Schulart – in den höheren Klassen abnehmen. Nicht bei jedem Konflikt handelt es sich um Mobbing!
Wenn jedoch Ihr Kind mindestens einmal pro Woche von einem oder mehreren Kindern über einen längeren Zeitraum schikaniert und gequält wird und die Kräfte ungleich verteilt sind, müssen Sie davon ausgehen, dass sich das Problem nicht von selbst erledigt.
Vielleicht schämt sich ihr Kind, wirkt bekümmert, druckst rum und rückt erst nach einiger Zeit mit der Wahrheit heraus. Sprechen Sie mit ihm darüber, was Sie tun werden. Die meisten Kinder haben Angst, dass es noch schlimmer wird, wenn sich Erwachsene einmischen. Deshalb steht der Schutz des Opfers an oberster Stelle! Wenden Sie sich an die Schule. Mittlerweile haben sich viele Lehrer mit dem Thema auseinandergesetzt und wissen, was zu unternehmen ist, wenn Mobbing vorliegt.

Ein anderer Fall liegt vor, wenn Sie den Eindruck haben, dass Ihr Kind unter einer Lehrperson leidet. Nehmen Sie sich Zeit und finden Sie heraus, was genau in welchen konkreten Situationen passiert und wie sich Ihr Kind dabei fühlt. Manchmal manövrieren sich Kinder in eine Sackgasse, vielleicht sind Sie empört über das Verhalten einer Lehrkraft. Lassen Sie sich einen Termin geben und sprechen Sie die Situation an. Schuldzuweisungen, Vorwürfe, Ratschläge wie »Sie als Pädagogin hätten da aber anders reagieren müssen!« helfen nicht weiter. Schauen Sie nach vorne, entwickeln Sie gemeinsam Lösungsvorschläge. Häufig stellt sich die gleiche Situation aus Sicht der Lehrperson anders dar. Wenn Sie den Eindruck haben, dass sich nichts ändert, schalten Sie die Schulleitung ein. Nicht alle Kinder lieben ihre Lehrerinnen und es ist völlig normal und in Ordnung, sich über Lehrerinnen und Lehrer aufzuregen. Kein Kind sollte jedoch längere Zeit unter einer Lehrkraft leiden.

WIE SIE ALS ELTERN IHR KIND UNTERSTÜTZEN KÖNNEN

Kinder sind unterschiedlich: Jemand kann gut sein im Geschichtenschreiben, sich jedoch beim Vorlesen oder beim Weitsprung quälen. Wenn Kinder nicht entmutigt sind, geben sie in der Schule ihr Bestes, ganz einfach deshalb, weil sie ihren Lehrern vertrauen und weil Neugier eine zutiefst menschliche Triebfeder ist: das Bedürfnis weiterzukommen, seinen Aktionsradius zu erweitern, Neues zu entdecken und dabei seinen Platz in der Gemeinschaft zu finden. Ich möchte Sie ermuntern, Ihre Kinder dabei zu begleiten und sie mit dem nötigen Handwerkszeug auszustatten.

- *Nehmen Sie sich Zeit*
  Interessieren Sie sich dafür, was Ihr Kind in der Schule erlebt und was es lernt. Schauen Sie sich die Hefte und Schul- und Hausarbeiten an: Ihr Kind hat oft viele Stunden damit zugebracht, das hat Ihre Würdigung verdient.

- *Regen Sie Ihr Kind dazu an, sich selbst einzuschätzen*
  Vereinbaren Sie überschaubare Ziele, zum Beispiel in einer bestimmten Zeit eine Aufgabe zu erledigen, und planen Sie kleine Schritte in die richtige Richtung.

- *Üben Sie mit Ihrem Kind die »täglichen Routinen« ein*
  So, wie Sie ihm beigebracht haben, die Zähne morgens und abends zu putzen, sollten Sie mit ihm üben, regelmäßig die Hausaufgaben zu machen, Arbeitsblätter einzukleben, die Hefte in Ordnung zu halten und den Ranzen zu packen. Setzen Sie sich daneben, bis es von selbst klappt. Die Zeit, die Sie dafür investieren, erspart Ihnen und Ihrem Kind Aus-

einandersetzungen, Verdruss und schlechte Stimmung in der Zukunft.

- *Ermutigen Sie Ihr Kind, Probleme und Konflikte, die es in der Schule hat, selbst zu regeln*
Sprechen Sie mit ihm durch, was es sagen oder tun könnte, und spielen Sie es mit verteilten Rollen durch! Das entkrampft häufig die Situation und gibt Ihrem Kind zusätzliche Sicherheit. Wenn Ihr Kind nicht von selbst weiterkommt, besprechen Sie mit ihm, was Sie tun werden.

- *Überprüfen Sie Ihre ausgesprochenen und vor allem unausgesprochenen Erwartungen*
Überfordern Sie Ihr Kind nicht, aber fordern Sie es, denn damit sagen Sie: Ich traue dir das zu! Unterstützen Sie es dabei, eigene Ziele zu entwickeln und zu verfolgen. Dadurch lernt Ihr Kind, wie man mit Frustration umgeht, Schwierigkeiten überwindet, sich ggf. Hilfe holt und Hilfe annimmt. Das kann durchaus über begrenzte Zeit Nachhilfe bedeuten, keinesfalls jedoch als Dauereinrichtung.

- *Gehen Sie respektvoll mit sich, Ihrem Kind und den Lehrpersonen als Menschen um*
Sie können bestimmte Verhaltensweisen von Lehrkräften nicht in Ordnung finden, aber achten Sie sie als Persönlichkeiten. Sie bringen Ihr Kind sonst in

eine Zwickmühle: Wie soll es tagtäglich jemanden vertrauen, der von den Menschen, die ihm am allernächsten sind – seinen Eltern – nicht respektiert wird?
Davon ganz abgesehen sind Sie für Ihre Kinder das Modell, wie menschliches Miteinander zustande kommt: auf der Grundlage von Wertschätzung und Respekt. Das gilt in ganz besonderem Maße für die Beziehung zwischen Eltern und Lehrpersonen, da sie für Kinder bis weit in die Pubertät hinein die wichtigsten Orientierungspunkte darstellen.

- *Sollten Kinder bei Elterngesprächen dabei sein?*
  Auch wenn das eher selten der Fall ist, spricht einiges dafür. Ihr Kind bekommt dadurch aus erster Hand mit, was besprochen und welche Lösungsvorschläge erarbeitet wurden. Teilen Sie gegebenenfalls die Gesprächszeit auf und schicken Ihr Kind raus, wenn es noch Punkte geben sollte, die nicht für seine Ohren bestimmt sind. Kinder akzeptieren, dass es Themen gibt, die Erwachsene unter sich besprechen, und sind erleichtert, wenn das klar und deutlich markiert wird.

- *Pflegen Sie den Kontakt zu den Miteltern und verständigen Sie sich untereinander*
  Eine gute Gelegenheit hierfür sind Schullandheimaufenthalte – was dürfen die Kinder mitnehmen, was

bleibt zu Hause – und Kindergeburtstage: Umfang der Geschenke, Erwartungen an das »Programm«.

- *Informieren Sie sich, wenn es so weit ist, über mögliche schulische Alternativen*
  Berücksichtigen Sie, was für Ihr Kind bei der Schulwahl eine Rolle spielt. Kein Kind ist im Grundschulalter jedoch in der Lage, die unterschiedlichen Gesichtspunkte in der Zusammenschau zu bewerten. Machen Sie deshalb unmissverständlich klar, dass letztendlich Sie als Eltern die Entscheidung treffen.

- *Holen Sie sich Hilfe, wenn Sie selbst nicht weiterkommen*
  Gute Adressen sind die schulpsychologischen Beratungsstellen und die Erziehungsberatungsstellen vor Ort, wo Sie qualifizierte kostenlose Beratung erhalten. Adressen finden Sie im Telefonbuch/Internet.

Heutzutage leben die meisten Kinder zwanzig Jahre bei ihren Eltern. Die Hälfte dieser Zeit oder länger gehen sie zur Schule. Als Eltern bilden Sie dabei den Heimathafen, in den Ihr Kind von seinen Entdeckungsreisen regelmäßig zurückkehrt und Ihnen seine Schätze zeigt. Bleiben Sie neugierig und freuen Sie sich auf das, was es aus der Schule mitbringt, und vertrauen Sie auf die Stärke Ihres Kindes, seinen eigenen Weg zu finden.

Tübingen, im August 2009 Dr. Peter Katzenberger

Register

In dieser Reihe ebenfalls erschienen:
Wie ist das mit ... der Trauer
Wie ist das mit ... den Religionen
Wie ist das mit ... der Familie
Wie ist das mit ... der Umwelt
Wie ist das mit ... dem Glück
Wie ist das mit ... dem Essen

Katzenberger, Peter/Reckers, Sandra:
Wie ist das mit der Schule?
Tipps für einen sorglosen Schulalltag
ISBN 978 3 522 30199 2

Gesamtausstattung: Sandra Reckers
Einbandtypografie: Michael Kimmerle
Innentypografie: Bettina Wahl
Schrift: ITC Stone Sans und Serif, Chinacat
Satz: KCS GmbH, Buchholz/Hamburg
Reproduktion: Medienfabrik GmbH, Stuttgart
Druck und Bindung: Friedrich Pustet, Regensburg

5 4 3 2 1° 09 10 11 12

www.gabriel-verlag.de

Geschichten, Sacherklärungen, Vorschläge und ein Elternkapitel

Roland Kachler
Wie ist das mit ... dem Glück
ISBN 978 3 522 30165 7

Manchmal ist das Glück wie ein Geburtstagsgeschenk – man muss es nur auspacken. Manchmal muss man sich dafür richtig anstrengen.
Der Psychologe Roland Kachler erzählt von Kindern, die alle ihr Glück finden – auf ganz unterschiedliche Weise.

Roland Kachler
Wie ist das mit ... der Trauer
ISBN 978 3 522 30116 9

GABRIEL

Wenn jemand stirbt, den wir sehr lieb haben, sind wir traurig. Der Psychologe Roland Kachler erzählt in diesem Buch von unterschiedlichen Trauersituationen und macht Vorschläge, wie Kinder mit ihrer Trauer umgehen können.

Roland Kachler
Wie ist das mit ... der Familie
ISBN 978 3 522 30143 5

Eine Familie hat jeder und doch ist jede Familie anders. Der Psychologe und Familientherapeut Roland Kachler erzählt von unterschiedlichen Familien, zeigt, was in einer Familie wichtig ist, und wie das Leben in der Familie am besten gelingen kann.

www.gabriel-verlag.de

Die Sachbuchreihe mit Unterhaltungs- und Lernwert

144 Seiten mit farbigen Illustrationen von Sandra Reckers

Sylvia Becker-Pröbstel
Wie ist das mit ... dem Essen
ISBN 978 3 522 30170 1

Woher kommt die Milch? Warum essen wir so gern Süßes? Die Ernährungsexpertin Sylvia Becker-Pröbstel erzählt von Kindern, die viel Neues und Spannendes rund um unsere Ernährung entdecken.

Christian Neuhaus
Wie ist das mit ... der Umwelt
ISBN 978 3 522 30156 5

Alle reden vom Umweltschutz und Klimawandel. Der Meteorologe Christian Neuhaus erzählt in diesem Buch, was zu unserer Umwelt eigentlich alles dazugehört und warum die Erde geschützt werden muss.

Karlo Meyer · Barbara Janocha
Wie ist das mit ... den Religionen
ISBN 978 3 522 30117 6

Der Religionspädagoge Karlo Meyer und die Religionswissenschaftlerin Barbara Janocha erzählen von fünf Kindern aus Buddhismus, Christentum, Hinduismus, Islam und Judentum, die wissen wollen, was ihre Religionen gemeinsam haben und was sie voneinander unterscheidet.

GABRIEL

www.gabriel-verlag.de